“十二五”职业教育国家规划教材
★ 中等职业学校物业管理专业教材 ★

物业客户服务

主编 王 靖

北京出版社
山东科学技术出版社

图书在版编目（CIP）数据

物业客户服务 / 王靖主编 . -- 济南：山东科学技术出版社，2016.6（2024.1 重印）
ISBN 978-7-5331-8207-6

Ⅰ . ①物… Ⅱ . ①王… Ⅲ . ①物业管理—商业服务—中等专业学校—教材 Ⅳ . ① F293.33

中国版本图书馆 CIP 数据核字 (2016) 第 091871 号

物业客户服务
WUYE KEHU FUWU

责任编辑：赵 旭 梁天宏
装帧设计：李玉颖

主管单位：山东出版传媒股份有限公司
出 版 者：山东科学技术出版社
地址：济南市市中区舜耕路 517 号
邮编：250003 电话：（0531）82098088
网址：www.lkj.com.cn
电子邮件：sdkj@sdcbcm.com
发 行 者：山东科学技术出版社
地址：济南市市中区舜耕路 517 号
邮编：250003 电话：（0531）82098067
印 刷 者：山东新华印务有限公司
地址：济南市高新区世纪大道 2366 号
邮编：250104 电话：（0538）6119360

规格： 16 开（184 mm × 260 mm）
印张： 13
版次： 2016 年 6 月第 1 版 **印次：** 2024 年 1 月第 2 次印刷
定价： 28.80 元

编审委员会

编写说明

加强职业教育教材建设是提高人才培养质量的关键环节，是推进教育教学改革，提高教育教学质量，促进中职教育发展的基础性工程。如何培养满足企业需求的人才，是职业教育面临的一个突出而又紧迫的问题。目前，中职教材普遍存在理论偏重、偏难、操作与实际脱节等弊端，突出的是以“知识为本位”而不是以“能力为本位”的理念，与就业市场对中职毕业生的要求相左。

为进一步贯彻落实全国教育工作会议精神、《国务院关于加快发展现代职业教育的决定》（国发〔2014〕19号）、《现代职业教育体系建设规划（2014—2020年）》（教发〔2014〕6号），北京出版社联合山东科学技术出版社结合物业管理专业各中职学校发展现状及企业对人才的需求，在市场调研和专家论证的基础上，打造了反映产业和科技发展水平、符合职业教育规律和技能人才培养的专业教材。

本套专业教材以教育部最新公布的《中等职业学校物业管理专业教学标准（试行）》为指导思想，以中职学生实际情况为根据，以中职学校办学特色为导向，与具体的专业紧密结合，按照“基于工作流程构建课程体系”的建设思路（单元任务教学）编写，根据物业管理行业的总体发展趋势和企业对高素质技能型人才的要求，构建了与物业管理专业相配套的内容体系，涵盖了专业核心课和部分专业（技能）方向课程。

本套教材在编写过程中着力体现了模块教学理念和特色，即以素质为核心、以能力为本位，重在知识和技能的实际灵活应用；彻底改变传统教材以知识为中心、重在传授知识的教育观念。为了完成这一宏伟而又艰巨的任务，我们成立了教材编审委员会，委员会的成员由具有多年职业教育理论研究和实践经验的高校教师、中职教师和行业企业一线专业人士担任。从选题到选材，从内容到体例，都从职业化人才培养目标出发，制定了统一的规范和要求，为本套教材的编写奠定了坚实的基础。

本套教材的特点具体如下：

一、教学目标

在教材编写过程中明确提出以“工学结合，理实一体”为编写宗旨，以培养知识与技能为目标，避免就理论谈理论、就技能教技能，做到有的放矢。打破传统的知识体系，将理论知识和实际操作合二为一，理论与实践一体化，体现“学中做”和“做中学”。让学生在做中学习，在做中发现规律，获取知识。

二、教学内容

一方面，采用最新颁布的规范、标准，合理选取内容；另一方面，结合新知识、新工艺、新材料、新设备的现实发展要求增删、更新教学内容，重视基础内容与专业知识的衔接。通过学习，学生能更有效地构建自己的知识体系，更有利于知识的正迁移。让学生知道“做什么”“怎么做”“为什么”，使学生明白教学的目的，并为之而努力，切实提高学生的思维能力、学习能力和创造能力。

三、教学方法

教材教法是一个整体，在教材中设计以“单元—任务”的方式，通过案例载体来展开，以任务的形式进行项目落实等教学内容，每个任务以“完整”的形式体现，即完成一个任务后，学生可以完全掌握相关技能，以提升学生的成就感和兴趣。体现以学生为主体的教学方法，做到形式新颖。通过“教、学、做”一体化，按教学模块的教学过程，由简单到复杂开展教学，实现课程的教学创新。

四、编排形式

教材配图详细、图解丰富、图文并茂，引入的实际案例和设计的教学活动具有代表性，既便于老师教学，又便于学生学习；同时，教材配套有相关案例、素材、配套练习答案光盘以及先进的多媒体课件，强化感性认识，强调直观教学，做到生动活泼。

五、编写体例

每个单元都是以任务驱动、项目引领的模块为基本结构。教材栏目包括任务概述、任务目标、学习内容、案例描述、案例分析、拓展提高、思考练习、单元要点归纳等。其中，学习内容是教材中每一个单元教学任务的主体，充分体现“做中学”的重要性，以具有代表性、普适性的案例为载体进行展开，紧密结合岗位实际，突出了对学生职业素质和能力的培养。

六、专家引领，双师型作者队伍

本系列教材由北京出版社和山东科学技术出版社共同组织具有教学经验及教材编写经验的“双师型”教师编写，参加编写的学校有山东城市建设职业学院、潍坊工商职业学院、济南物业管理职业中等专业学校、青岛城市管理职业学校、仙桃市理工中等专业学校、中山火炬开发区理工学校、江西省电子信息工程学校，并聘请山东省教育科学研究院邹本杰担任教材主审，感谢上海绿地服务有限公司、山东鲁班物业管理有限公司给予技术上的大力支持。

本系列教材，各书既可独立成册，又相互关联，具有很强的专业性。它既是物业管理专业组织教学的强有力工具，也是引导物业管理专业的学习者走向成功的良师益友。

前　言

2007 年 3 月,《中华人民共和国物权法》首次从立法的角度提出“物业服务企业”的概念,修订的《中华人民共和国物业管理条例》从立法角度将物业管理企业更名为物业服务企业,为物业服务企业的进一步发展明确了方向,各物业服务企业也开始重新审视物业服务的内涵,积极转变思路,以跟上时代的变革。

作为物业服务行业的从业人员,应该意识到从自身的管理与服务两方面入手,打破重管理,轻服务的旧有模式,全心全意为业主提供全面、及时、周到、安全、优质服务,才能在激烈的竞争中求生存、图发展,意识到物业管理服务的对象不仅是物业项目内的房屋及其配套设施,更重要的是物业的所有者和使用者。为此,物业服务业从业人员不仅要学物业房屋设备设施管理方面的知识,也要了解客户服务的相关知识,培养物业客户服务意识,掌握各种物业服务技能。

本书贯彻“以专业知识和职业技能训练为中心任务”,探索具有物业管理专业特色的教材,搭建了企业管理人员与一线教师交流的平台,尤其本着“以能力为本位,以学生为主体,以实践为导向”的教学指导思想,紧跟行业的发展变化,综合考虑中职学生就业实情、职业方向及用人单位需求等来设计教材体系,突出基本技能的训练。本书包括物业客户服务概述、物业客户服务人员的基本素质、业主收楼入住管理服务、客户装修管理服务、物业档案管理、日常业主服务管理工作、社区服务与社区文化建设以及会议服务工作八个单元。本书采用任务驱动式教学方法进行编写,每个单元都有对应的主要工作任务,学生通过完成工作任务,可系统全面地掌握该项技能,且在完成工作任务的同时增强对物业客户服务理论知识和方法技能的领悟与掌握。符合职业教育的教学理念和发展趋势,能够成为广大教师和学生教与学的优秀教材,同时也可以作为物业管理人员、相关从业人员的自学读物。

本教材从策划伊始到问世,都伴随着策划人详尽的调研、行业专家的认真解惑和编写老师辛勤的耕耘,它具备如下特点:

1. 通俗易读,深浅有度。理论知识广而不深,基本技能贯穿教材的始终。图文并茂,广泛采用案例进行解释说明,十分符合职业院校学生的学习特点。

2. 知识与能力并重的编写思路。一方面,注重企业的参与,注重与相关职业资格标准相结合;另一方面,使知识与能力训练互为依托,增强了可读性。

本课程总学时为 54 学时,各单元学时分配如下表(仅供参考):

课程内容		学时数		
		讲授	实训	合计
第一单元	物业客户服务概述	3	0	3
第二单元	物业客户服务人员的基本素质	4	0	4
第三单元	业主收楼入住管理服务	6	3	9
第四单元	客户装修管理服务	6	2	8
第五单元	物业档案管理	4	2	6
第六单元	日常业主服务管理工作	6	4	10
第七单元	社区服务与社区文化建设	8	2	10
第八单元	会议服务工作	2	2	4
合计		39	15	54

本书由淄博建筑工程学校教师封超编写第一单元和第二单元；王靖编写第三单元、第四单元和第八单元；曹成贤编写第五单元和第七单元；李灵君编写第六单元，全书由王靖进行统稿。在编写过程中，参考了国内许多同仁的著作和大量客户服务方面的资料，在此表示衷心的感谢！

由于编者学术水平有限，书中难免存在错漏和不足之处，真诚接受有关专家和广大读者的批评指正。

编　者

目录
CONTENTS

第一单元　物业客户服务概述

单元概述

客户服务的字面意思容易让人理解为一项为业主提供服务的简单劳动，这是狭义的理解。客户服务作为物业服务中心面对业主的一个窗口，除了狭义的客户服务概念外，还包括广义上的与业主的沟通、交流、处理投诉的技巧以及报修过程中与各部门关系的协调等，客户服务人员需具备一定的专业知识或受过专业培训，便于研究客户心理，及时了解客户提出的要求的出发点，软化或避免矛盾的产生。

随着社会的发展和进步，业主对物业管理企业的服务水平越来越重视，要求也越来越高，客户服务作为物业管理中的核心环节更是不容忽视。其不但担负着接受业主投诉、报修工作，还担负着随时向业主传递服务中心各项信息、向业主展示物业管理人员良好形象的责任，因此客户服务在物业管理中占重要地位。

单元目标

- 通过本单元的学习，能熟练掌握物业服务、物业客户服务的含义
- 能掌握物业服务的特性及意义
- 会总结物业服务的内容和作用
- 能正确树立为客户服务的理念

学习任务1 物业服务

任务概述

随着人们生活水平的提高,享受物业服务的意识越来越强。物业服务不同于其他类型的服务:服务和管理合二为一;服务对象非常广泛,服务内容不断丰富;服务标准千差万别,具有自生性。没有任何一个行业像物业管理行业这样把管理和服务结合得这样紧。

近年来,不断有楼市纠纷见于各种媒体上,纠纷的核心是物业服务和收费问题。对业主来说,交了费就要享受个性化的服务,物业管理企业必须把服务作为管理的重要内容,同时把管理作为有效手段。本单元内容主要包括:如何确定物业服务企业的服务特色;物业服务的概念及内容有哪些;物业服务具有什么样的特性。

任务目标

- 能理解物业及物业服务的含义及内容
- 会分析物业服务的特性
- 能掌握物业服务的意义
- 能树立正确的物业服务理念

学习内容

一、物业和物业服务的含义

1. 物业的含义

物业一词译自英文"Property"或"Estate",它的含义为财产、资产、地产、房地产、产业等,是一个广义的范畴。物业一词引入我国的时间不长,比较一致的说法是:物业是指已建成并投入使用的各类建筑物、附属设施设备和相关的场地。物业包括房业和地业;附属设施及相关场地是指房屋室内外各类设备、公共市政设施及相邻的庭院绿化、道路、场地等。

2. 物业服务的含义

物业服务是指业主和物业服务企业通过物业服务合同约定的公共性服务。物业服务的对象是物业区域内的全体业主。与传统的物业管理不同,现代物业服务为业主和非业主使用人提供的是全方位、多功能、综合性的经营与服务,服务内容相当广泛,不仅包含房屋设备设施的维修与养护、环境、卫生、安全等这些常规性的服务，还可以为业主和非业主使用人提供非公共性的延伸服务。

二、物业服务的内容

1. 常规性的公共服务

常规性的公共服务是为全体业主和非业主使用人提供的经常性服务，一般在物业服务合同中应明确规定其具体的服务内容和要求，它主要包括：

(1)房屋建筑本体的管理。房屋建筑本体的管理是物业服务中的一项基础性工作，是为了保持良好的房屋完好率，以确保房屋正常的使用功能而进行的服务工作。

(2)房屋设施设备的管理。房屋设施设备的管理是为了保持房屋配套附属的各类设施、设备的完好及正常使用而进行的服务工作。

(3)清洁卫生服务。清洁卫生服务是为了净化物业环境而进行的服务工作。

(4)绿化养护服务。一个优美、宜人的生态环境是人人都希望的，绿化养护服务是为了物业环境的美化而进行的服务。

(5)秩序维护服务。在现实工作和生活中，每个人都希望有一种安全感。物业服务的一个重要内容就是物业区域内的秩序维护服务工作，包括日常的护卫、突发事件的预防与处理，监控系统的监控服务等。

(6)消防服务。常言道："水火无情"。消防服务是为了维护业主正常的工作、生活秩序而进行的一项专门性的服务工作，包括火灾的预防与发生火灾时的救护处理等。

(7)车辆道路服务。在物业区域内，车辆、道路是对外联系的主要载体与通道，车辆、道路管理的目的是为了建立良好的交通秩序、车辆停放秩序，确保业主和非业主使用人的车辆不受损坏和失盗。

(8)客户服务。主要是提供业主或非业主使用人的入住服务，处理客户的投诉，负责接待、咨询、来访等工作，有效地与客户沟通。

2. 非公共性的延伸服务

非公共性的延伸服务是物业公共性服务范围的延伸，是物业服务企业为满足物业区域内业主和非业主使用人更多、更高的需求，利用物业辅助设施或物业服务的有利条件而提供的公共性以外的服务，一般包括针对的专项服务和委托性的特约服务，其目的是为了尽可能满足业主和非业主使用人的需求。

(1)针对性的专项服务。这是为了满足物业区域内的一些人的特殊需求而提供的服务。其特点是物业服务企业事先设立服务项目，并将服务的内容、质量、收费予以公布，供有需要的业主和非业主自行选择。

(2)委托性的特约服务。这是为了满足物业区域内的业主和非业主使用人的个别需求而提供的特别服务，是专项服务的补充和完善，通常在物业服务合同中未要求，在专项服务中未设立，物业服务企业应在不违反现行法律法规的情况下，力所能及地满足其需求。这种服务具有临时性、不固定性和选择性的特点。

物业服务企业在实施物业服务时，应将第一大类作为最经常、最持久、最基本的工作，同时,根据自身的能力和业主的需求确定第二类、第三类中的具体服务项目和内容,采取灵活多样的服务方式,以人为核心做好物业服务的各项工作,并不断拓展其广度和深度。

三、物业服务的特性

物业服务的全过程要突出“服务”二字,为满足业主的需求,营造舒适的工作和生活环境,提供全方位、多功能的服务。因此。物业服务具有以下几个特性:

1. 物业服务的公共性

基于物业服务企业和业主在物业服务合同中形成的交易关系,其交易的标的就是物业服务,由于物业的公共部位和公用设施设备不是为单一的物业所拥有,而是物业管理区域内全体业主或部分业主共同所有,因此,这就要求物业服务企业为业主提供一个安全、舒适、方便、优美的工作和生活环境的公共性服务产品。

2. 物业服务的综合性

根据物业服务合同的内容,物业服务企业与业主约定的物业管理事项具有综合性的特点,因为物业服务不仅包括对物业公共部位和公用设施设备的养护和管理,而且还包括对物业区域内清洁、绿化、车辆等秩序的维护。

3. 物业服务行为的约定性

一般商品大多数是先交费后消费,由此建立交换行为,但在物业服务中确定的交换行为是事先约定的,依据双方签订的物业服务合同,明确双方的责、权、利关系。

4. 物业服务时间的长期性

一般商品服务与交换对象接触时间较短,并且大多数是一次或几次。而物业的使用年限较长,有几十年甚至上百年,物业服务不能像有形商品那样被储存起来,它需要周而复始地持续供给,提供服务和接受服务都是相对长期而稳定的。

5. 物业服务内容的多样性

不同类型的物业,其服务的侧重点是不一样的,不同的业主和非业主使用人所需要的服务也是不一样的,同一物业区域的物业服务也是多种多样的。

6. 物业服务过程的整体性

在一般商品服务过程中,通常只强调服务的某几项功能,如客房的居住和休息。而物业服务的目的是为业主和非业主使用人提供一个安全、舒适、方便、优美的工作和生活环境,这就需要全方位的、多层次、整体的服务。

7. 物业服务受益主体的差异性

物业服务是通过企业员工的操作为业主和非业主使用人所提供的。其服务质量,服务效果必然会受到员工的情绪、态度、经验等多种因素的影响。同一名员工提供同一服务而区域不同,以及同一服务由不同的员工操作,服务质量都会有一些差异。

四、物业服务的意义

物业服务是顺应房地产开发的发展而产生的,在现代物业管理中具有非常重要的地位和意义。

1. 创造安全、舒适、优美、文明的工作和生活环境

随着人们生活水平的不断提高，人们更需要一个优质的、规范的物业服务。当然，这不仅是常规性的服务和技术性的保证，更需要的是在此基础上的一个从物质到精神上的现代生活风貌的体现。

2. 延长物业的使用寿命，使物业保值和增值

由于自然环境和人为因素的影响，物业会受到不同程度的损伤和破坏。而社会化、专业化的物业服务能够把这种损伤和破坏降到尽可能低的程度，使物业的使用寿命延长，达到物业的保值和增值目的。

3. 方便居民的生活

随着社会的发展，城市的节奏在不断地加快，居民的工作和生活节奏也在加快，人们的工作压力越来越大，这就促使人们在休息日里将更多的时间用于休闲、娱乐，因此要求物业服务企业能够提供更多、更方便周到的服务，以减轻居民的负担，节省他们的业余时间，缓解他们的紧张心理。

4. 有利于提高城市现代化、专业化、社会化的水平

物业服务是城市建设的窗口，是城市管理现代化的重要标志。物业服务涉及方方面面，有各种各样的关系和矛盾需要处理和协调，它将发散的社会分工汇集起来，统一进行专业化的服务（如清洁、绿化、秩序维护、维修等），避免出现分散多头的管理形式，促进了城市现代化、专业化、社会化，提高了城市的管理水平。

可以说，物业管理已成为城市建设的窗口、城市现代化管理的重要标志，物业服务更是涉及人们生活和工作的方方面面，通过物业服务企业提供的统一化、专业化、全方位、多层次的整体服务，促进了城市现代化、专业化、社会化进程，更进一步提高了城市化管理水平，成为构建和谐社会不可或缺的一环。

案例描述

创造价值，提供超越想象的服务

一天，住在成都某小区的三位外国朋友购物归来，每个人手上都是大包小包的，每走几步就要停下来休息一会。这时，正在社区商业街上进行清洁工作的保洁员廖菊英看见了他们，她急忙示意三位业主先稍等一下，然后快速从保安亭推出一辆手推车，打手势叫他们把东西放上来，并推起手推车，一直送到了他们的住处，又帮他们把东西一一提上了楼，外国朋友高兴坏了。在该小区里，物业提供超越业主期望的服务的行为是随处可见的。

该小区物业在实践中学会了聆听客户的声音，全面了解客户的需求，了解客户最关心的产品和服务的要素，并且力求从客户的需求出发，有针对性地改进物业的产品、服务，持续提供超越客户期望的产品和服务，努力实现客户利益的最大化。

案例分析

物业管理作为一个服务性行业，"服务"是一个永恒的主题。物业管理企业所提供的服务只有得到业主的认可，才能生存与发展。

拓展提高

物业管理的起源

物业管理起源于19世纪60年代的英国。当时英国工业正处于一个发展的高涨阶段，对劳动力的需求很大，随着大量农村人口的涌入，城市原有各方面的房屋及设施已远远满足不了人口增长的需要，房屋的空前紧张成为一大社会问题。一些开发商相继修建一批简易住宅以低廉租金租给贫民和工人家庭居住。由于住宅设施极为简陋，环境条件又脏又差，不仅承租人拖欠租金严重，而且人为破坏房屋设施的情况时有发生，严重影响了业主的经济收益。当时，有一位名叫奥克维娅·希尔(OctaviaHill)的女士为在其名下出租的物业制定了一套行之有效的管理办法，要求承租人严格遵守，出人意料地取得了成功，不仅有效地改善了居住环境，而且还使业主与承租人的关系由原来的对立变得友善起来，首开物业管理之先河。从那之后，物业管理工作逐渐被业主和政府有关部门重视，被普遍推广到世界各国，并不断发展成熟。迄今为止，物业管理作为现代化城市管理和房地产经营管理的重要组成部分，在国际上十分流行并获得了蓬勃发展，社会化、专业化、企业化、经营型的物业管理已成为一个新型的服务行业。

20世纪80年代，随着全国住宅小区的兴建，现代物业管理从香港传入内地。1981年3月，全国第一家物业管理公司——深圳市物业管理公司诞生。此后，物业管理行业在我国迅速发展，各地物业管理企业和从业人员数量迅速增加。1994年3月23日，建设部以第33号令颁布了《城市新建住宅小区管理办法》，这为我国有关城市住宅小区管理工作正规化、法制化奠定了基础。同年6月18日，深圳市颁布了《深圳经济特区住宅物业管理条例》，并于11月1日起施行。这是我国第一部地方性物业管理法规。其后，北京、上海等地区也相继制定出台了地方性物业管理法规，推动了城镇物业管理的进一步发展，使全国各地物业管理工作进一步走向规范化和法制化。2003年9月1日，国务院颁布的《物业管理条例》开始实施，这标志着我国物业管理工作步入了新的发展阶段，进入了高效、法制、规范的高速发展新时期。

思考练习

一、填空题

1. ________是指已建成并投入使用的各类建筑物、附属设施设备和相关的场所。
2. 物业服务的对象是物业管理区域内的________。
3. ________是顺应房地产开发的发展而产生的，在现代物业管理中具有非常重要的地位和作用。

4. ________已成为城市建设的窗口、城市现代化管理的重要标志。

二、简答题

1. 物业服务的主要内容有哪些？

2. 物业服务的特性是什么？

学习任务2 客户服务

任务概述

在现代市场激烈的竞争下，产品的差异和价格战的效果越来越不明显，核心产品和有形产品上的竞争优势已经不能对客户产生决定性的影响。目前的竞争是外延产品的竞争，这才是企业获得竞争优势、赢得市场的关键，而客户服务则是外延产品中最重要的方面，只有充分发挥客户服务的优势才能在竞争中取胜，推动企业的发展与进步。客户服务要真心实意地站在客户的角度为客户着想，而不是阳奉阴违。客户想到的，我们应该都做到；客户没有想到的，我们应该也要为客户想到做到。做服务不仅仅只是在物质方面能够让客户满意，更重要的是怎样才能让客户省心省力。

任务目标

- 能理解客户服务的含义及类型
- 能掌握客户服务的基本内涵
- 能树立正确的物业服务理念
- 会正确分析客户服务的意义

学习内容

一、客户服务的含义及类型

1. 客户服务的含义

“客户服务”的概念和理念，在欧美国家出现于19世纪末20世纪初，在我国则出现于20世纪90年代中期。它是随着卖方市场的终结和买方市场的产生而诞生的，“客户服务”的理念是市场运作日益精细化、多元化的产物。广义上讲，任何能提高客户满意程度的项目，都属于客户服务范畴。

由此可见，客户服务就是在适当的时间和地点，以适当的方式和价格，为目标客户提供适当的产品或服务，以满足客户的合理需求，使企业和客户的价值都得到提升的活动过程。客户服务强调以客户为中心，由于不同客户的个性不尽相同，这就要求服务提供者必须考虑到客户的各种需求，力求为客户提供优质的、满意的服务，从而使企业和客户的价值都得到提升。

客户服务的核心理念就是：企业全部的经营活动都要从客户的需求出发，以提供满足客户需求的产品或服务作为企业的责任和义务，以客户满意作为企业的经营目的。

案例描述

王永庆的卖米服务

王永庆是著名的台商大王，被誉为华人的经营之神，他一生之所以能够取得如此辉煌的成就，其中一个重要原因就是他能够提供比别人更多更卓越的服务。王永庆15岁的时候在台南一个小镇上的米店里做伙计，深受掌柜的喜欢，因为只要王永庆送过米的客户都会成为米店的回头客。他是怎样送米的呢？到顾客的家里，王永庆不是像一般伙计那样把米放下就走，而是找到米缸，先把里面的陈米倒出来，然后把米缸擦干净，把新米倒进去，再把陈米放在上面，盖上盖子。王永庆还随身携带两大法宝：第一个法宝是一把软尺，当他给顾客送米的时候，他就量出米缸的宽度和高度，计算它的体积，从而知道这个米缸能装多少米；第二个法宝是一个小本子，上面记录了客户的档案，包括人口、地址、生活习惯、对米的需求和喜好等等，用今天的术语来说就是客户资料档案。到了晚上，其他伙计都已呼呼大睡，只有王永庆一个人在挑灯夜战，整理所有的资料，把客户资料档案转化为服务行动计划，所以经常有顾客打开门看到王永庆笑眯眯地背着一袋米站在门口说："你们家的米快吃完了，给你送来。"然后顾客才发现原来自己家真的快没米了。王永庆这时说："我在这个本子上记着你们家吃米的情况，这样你们家就不需要亲自跑到米店去买米，我们店里会提前送到府上，你看好不好？"顾客当然说太好了，于是这家顾客就成为米店的忠诚客户。后来，王永庆自己开了一个米店，因为他重视服务，善于经营，生意非常好，越做越大，成为著名的企业家。

案例分析

服务可以创造利润、赢得市场；卓越的、超值的、超满意的服务，才是最好的服务。通过服务来实施差异化策略，比你的对手做得更好、更多、更棒。我们要比客户更了解客户，提前发现客户的潜在需求。

2. 客户服务的类型

客户服务的类型是由客户服务的特性所决定的，客户服务的特性是通过程序特性和个人特性两个方面体现的：

程序特性是指一个企业为客户所提供的服务的流程。比如说，你买了一台空调，那么从购买之日起，你就进入了空调厂家所提供的服务程序。它规定了产品的保修、可退换日期;产品的维修是由经销商负责还是厂家负责;维修的时间长短;是否有补偿等。所有这些都是客户服务的程序特性,是企业为客户所定制的。

个人特性是指客户服务人员在与客户沟通时其自身的行为、态度和语言技巧以及在客户服务岗位上是不是称职等,这是企业为客户服务人员而订制的。

根据客户服务的程序特性和个人特性将客户服务分为以下四种类型:

(1)漠不关心型的客户服务。其表现在程序特性和个人特性两方面都很差。个人特性方面,服务人员缺乏热情,没有服务意识和敬业精神,一问三不知。

(2)按部就班型的客户服务。这种类型的服务在程序特性方面很强,但个人特性方面很弱。比如说,客户的冰箱坏了,不能制冷,夏天东西很容易坏掉,能否马上派人来维修?那不行,按规定得两天以后才可以派人维修。这就是按部就班型的客户服务。

(3)热情友好型的客户服务。在个人特性方面表现很强,但在程序特性方面很弱。个人特性很强是指客户服务人员态度特别好,很热情,也特别会沟通。但是,企业制定的服务流程很混乱。这就造成服务人员很同情客户,也很理解客户,明知产品不好给客户带来了不便,但是却解决不了问题。

(4)优质服务型的客户服务。这一类型的服务,在程序特性和个人特性两方面表现都很好。程序方面及时、有效、正规、统一。服务人员有着很好的素质,服务热情周到,关心客户,能够很好地运用客户服务的技巧。这种类型的服务表明,企业很重视客户,希望用最好的服务满足客户的需求。

毋庸置疑,物业服务企业为业主提供的服务也应该尽量做到优质服务型,既有高程序特性,又有高个人特性。为业主提供的服务业务流程要及时、有效、正规、统一,而为业主提供服务的各部门服务人员也应该有着很好的素质,服务热情、周到,关心、体贴业主,能够与业主进行有效良好的沟通,熟练运用客户服务技巧,为业主提供专业化物业服务。

二、客户服务理念

1. 客户永远是对的

从表面上看,这句话太绝对化了,因为客户也是人,客户在接受服务的过程中也不可避免地说错话、做错事,也就是说客户不可能永远是对的,所以不能说客户的任何意见甚至无理的要求都必须予以满足。但是,这里所倡导的这种思想,不是从具体的一时一事来界定的。在企业为客户服务的过程中,自然应以被服务者的需要和意志为转移。况且,这里所说的客户不是指单个具体的人,而是把客户作为一个整体来看的,企业为整体的客户服务,不应该挑剔个别客户的个别不当言行,更不能因为个别客户的个别不当言行影响对客户整体的根本态度。

案例描述

海尔集团的理念——“顾客永远是对的”

海尔集团有这样一个案例：一位农民来信说自己的冰箱坏了。“海尔”感到很震惊，马上就派人上门处理，还带着一台新冰箱，赶了200多公里到了顾客家，一检查是温控器没打开，打开温控器就一切正常了。回来之后，“海尔”按照“永远是对的”这个观念，仍然认真地进行反思，不断增强服务意识。购买产品的人，具有各种不同层次文化程度，“海尔”必须满足所有人的需求。因此，只有把说明书改到所有人都能看明白才行。“顾客永远是对的”，这不是简单的一句口号，我们应当将这一理念贯穿到服务工作的全过程中去，彻底提升服务意识。

案例分析

主张“顾客永远是对的”，体现出对顾客的尊重。作为产品使用者的最终顾客对产品质量最有发言权，他们的判定、取舍和选择最具有权威性。

主张“顾客永远是对的”可以使我们摆正心态，冷静地看待矛盾，从矛盾中获取新的信息，这些信息往往是宝贵的，它能促使企业创新，甚至是重大的创新。

2. 视客户为亲友

在与客户交往中，不能单独把企业与客户的关系视为“一手交钱，一手交货”的金钱关系，而应该看到企业与客户之间还存在着相互支持、相互信赖、相互促进的非金钱关系。只有用高质量的服务接待每一位客户，才能使客户以更大的热情购买更多的商品来回报企业，企业与客户的关系才能步入良性循环的轨道。

3. 把客户视为企业的主宰

视客户为企业的主宰，就应当尊重客户的权力，把尊重客户在接受服务时的安全权、知情权、选择权、受尊重权、监督权、被赔偿权等作为自己的天职，认真履行自己应尽的义务。这是企业的社会性质所决定的，应该根据企业的经营目标、客户的需求来选择经营策略。

4. 强化现代服务理念，提升服务品味

理念支配人的行为，服务理念决定着企业的服务特色和服务品味。因此应强化现代服务理念，从而提升服务品位。

5. 正确处理好服务与经营的关系

解决“重经营，轻服务”的做法，改变那种认为经营效益是硬指标、服务是软指标的片面认识。

三、客户服务对企业的意义

据国际权威机构调查表明：对客户服务不好，造成94%的客户离去；因为没有解决客户的问题，造成89%的客户离去；每个不满意的客户，平均会向9个亲友叙述不愉快的经历；不满意的客户中有67%的客户要投诉；通过较好的解决客户投诉，可挽回75%的客户；及时、高效并尽最大努力去解决客户投诉的，将有95%的客户还会继续接受你的服务；吸引一个新客户是保持一个老客户所花费费用的6倍。

客户服务对于一个企业的意义远远超过了销售。对企业来说，谁的客户服务更好、更周到，谁就将拥有更多的客户，拥有更多的市场份额，也就拥有了较强的市场竞争力，企业就会更好更快地发展。因此，企业要在客户服务上下大力，勇于改革、创新，为客户提供更好、更优质的服务。而对于物业服务企业而言，其本身所提供的商品就是服务，更需要重视服务的质量，为业主营造优美、安全、舒适的生活、工作环境。

1. 优质的客户服务有助于塑造企业品牌

企业可以通过塑造一个强势的品牌在激烈的市场竞争中脱颖而出。企业树立品牌的方式很多，广告是最常用的一种，通过广告能够在短期内为企业带来大量的客户，产生大量的购买行为，但是，客户服务不是短期行为，而是长远的。明智的企业通过优质的客户服务为本企业树立起良好的口碑，从而为企业招徕更多的客户。而这种信息通常是通过人与人之间、客户与客户之间的交流互相传递的，这种获利方式也是企业经营成本最低的一种方式。

2. 优质的客户服务有助于提高企业的经济效益和社会效益

客户是企业生产和发展的基础，是企业的经济来源。优质的客户服务将使企业拥有一批稳定的、高价值的、高忠诚度的、高回头率的客户，好的口碑也将会为企业赢得越来越多的新客户，从而为企业带来巨大的经济效益。

3. 优质的客户服务是企业防止客户流失的最佳屏障

客户流失是企业最不愿意发生的事情。现在的市场竞争越来越激烈，导致客户的忠诚度越来越低，客户流失也就成为一种必然。客户有权选择最合适的企业，企业只有通过提供更加完善的服务才有可能防止客户的流失。

4. 优质的客户服务是企业发展壮大的保障

优质的客户服务会使企业拥有一批稳定的老客户，他们会为企业带来巨大的经济效益，这是企业发展壮大的基石。

案例描述

做物业就是把业主的事当成自己的事

“物业管理到底是做什么的？”对于这个新兴行业，社会舆论多有微词，业主与“黑保安”发生冲突甚至对簿公堂的案例屡屡见诸媒体。某物业服务公司成立以来，目前管理物业面积超过300万平方米，面对上万户居民，没有发生过一起诉讼事件为65%，管理的所有项目物业管理收费率都在95%以上。

“做物业,就是做服务,为谁服务？为业主服务。”一直以来,该物业公司坚持“把业主的事当成自己的事去做”,以贴心服务感染业主。公司要求,职工要“视业主为亲人”,遇事要设身处地替业主着想。一次,该物业管理的某小区断电停水,保安员全体出动,背上几十斤重的水桶,爬楼梯挨家挨户送水。一位住21层的老人在电梯口发愁,保安背起老人爬了300多级台阶将他送到家中。

该物业服务公司还发起“业主——物业——开发商”三方会谈制度,通过这个面对面座谈的机制,为业主争取最大利益,向业主打出信任牌。这是个重大的角色转变,以前业主总说物业和开发商是一伙儿的,现在关系理顺了,有什么问题大家都可以开诚布公坐下来谈。

案例分析

对于物业公司,摆脱“房地产公司附属地位”是一个战略转型,只有真正把业主的事情当成自己的事去做,这样一个专注于优质服务的专业物业管理品牌才有发展的根基。

拓展提高

客户服务十大准则

1. 客户就是收入。
2. 态度左右服务的表现程度。
3. 客户只有一个目的——需要帮助。
4. 老客户的价值是其销售额的20倍。
5. 继续和你做生意的客户是你的最大优势。
6. 只有满意度是不够的,要努力建立忠诚度。
7. 亲切、友善、助人与成功成正比。
8. 树立良好口碑。
9. 口碑的威力比媒体广告强大50倍。
10. 客户的认识就是衡量成功的标准。

思考练习

一、填空题

1. “客户服务”的概念和理念,在欧美国家出现于19世纪末20世纪初,在我国则出现于________中期。

2. 解决“________”的做法,改变那种认为经营效益是硬指标、服务是软指标的片面认识。

3. 理念支配人的行为,________决定着企业的服务特色和服务品味。

二、简答题

1. 客户服务理念有哪些?

2. 客户服务的意义是什么?

学习任务3 物业客户服务

任务概述

由于物业服务是一种不同于其他类型的服务,客户对其服务的切身感受和满意程度直接影响物业服务企业的生存与发展,由此决定了物业服务企业必须下功夫研究客户对物业管理服务的感受和意见,了解客户的需求,并有针对性地提升和改善自身的管理与服务水平。

没有任何一个行业像物业管理服务行业这样把管理和服务结合得如此紧密,没有优质的管理不能称之为物业管理。对于客户来说,缴纳了物业服务费就要享受到满意的服务,物业服务企业应该100%地满足客户的要求;对于物业服务企业来说,收取的物业服务费就必须与服务水平及服务质量相匹配。客户对服务的需求千差万别,归结起来,物业看似管理,实质是服务,两者高度统一。由此可见,物业服务企业在日常生活中对客户的作用就是公共服务,物业服务企业必须把服务作为管理的重要内容,同时把管理作为有效手段。物业管理的满意与否、客户服务质量的优劣也直接影响到物业服务企业的经济效益与社会效益。

任务目标

- 能理解物业客户服务的含义
- 能掌握物业客户服务的构成要素
- 会总结物业客户服务的内容
- 会分析影响物业客户服务的因素

学习内容

一、物业客户服务的含义

物业客户服务是指物业服务企业为提高其服务的质量,发生在客户与物业服务企业之间的相互活动。物业管理提供的是服务,是无形的产品。物业服务企业凭借对业主的服务获取业主的满意度和忠诚度,以此获得业主的报酬而实现自己的盈利目的。可见,物业服务企业必须做好自己的服务营销工作,把更好的服务销售给业主,完成企业的本质特征——以盈利为目的。

由于物业客户服务是企业与客户接触的最前沿,担负着接受客户各类服务和投诉等工作,随时也向客户传递各项服务信息、展示企业良好形象,因此,物业客户服务工作是物业管理服务中的核心环节。

1. 物业客户服务的核心

服务是宗旨(业主或使用人)、管理是手段(物业内部员工)、客户满意是物业服务企业最终追求的目标。

2. 物业客户服务的要素

(1)主动。见面问好、热心助人、工作投入、尽职尽责。

(2)亲切。微笑友善、不急不躁、易地而处、感同身受。

(3)诚信。尊重对方、耐心聆听、言行一致、信守承诺。

(4)专业。服务规范、技术精湛、认真细致、一次到位。

(5)素养。制服整齐、仪容整洁、岗位礼仪、牢记在心。

二、物业客户服务的构成

1. 主体

物业客户服务的主体是指直接参与或直接影响服务交换的各类行为主体。既具有资质的物业服务企业和专业的服务企业(清洁、绿化、秩序维护等)。

2. 客体

用于交换或出售的对象就是客体。物业客户服务上交换的对象就是物业服务,它是一种无形的商品。

3. 服务的环境

物业客户服务环境是指保证服务交换赖以进行的各类法律法规和物业项目的周边环境。如与物业服务相关的各类法律法规有宪法、合同法、公司法等;有关物业服务的具体的法规、政策有物业管理条例、物业服务收费办法、普通住宅小区物业服务等级标准等。上述各种法律、法规共同制约着物业服务的具体交换行为。

三、物业客户服务的主要内容

1. 提供业主(客户)入住服务

业主(客户)入住服务是物业服务企业首次直接面对业主(客户)所提供的相关服务。它直接关系到业主(客户)对物业管理服务的第一印象。因此,物业服务企业要从各方面做好充分细致的准备,全面有效地保障业主(客户)入住工作。

2. 建立相关档案,确定客户服务标准

档案包括业主(客户)档案、业主委员会及业主大会的资料档案;日常物业管理档案,如物业运行记录档案、物业维修维护记录档案和物业服务记录档案。物业服务企业应根据物业服务合同的约定确定客户服务的标准。

3. 接待业主(客户)日常来电、来信和来访,处理客户投诉

业主(客户)的接待工作包括来电接待、来信接待(客户任何形式的书面表述,如信函、传真、电子邮件等都视为客户来信)和来访接待。在接待来访的业主(客户)时,可能因为物业服务人员接待的一个细节,就改变了业主(客户)对物业服务企业之前的所有印象,因此,在接待中要有“三”声,即来有应声、问有答声和去有送声,并认真处理客户的各种投诉。

4. 在物业服务区域内提供各种服务活动

在一个物业服务区域内,可以根据业主(客户)的需求并结合物业的实际情况,提供各种类型的服务活动,如会所服务、康体服务、会议服务等。

四、影响物业客户服务的因素

优质的物业客户服务,主要受到以下三个方面因素的影响;

一是物业项目的周边环境,如清洁、气氛、气味、灯光、维修保养等。

二是硬件产品,包括物业项目的设施、安防系统、园艺、服务项目、与服务有关的政策及程序等。

三是软件服务,包括友善程度、留心程度、态度、诚信、投入程度、言行举止等。

案例描述

坚持原则拒乱装,以心换心赢配合

某小区一位业主装修时,擅自在阳台顶棚焊接铁架,与楼体其他阳台极不协调。管理处发现后,立即发出停工整改通知书,该业主对此怨声载道,说管理处限制她的自由,铁架非安装不可。你发火我不发火,管理处有关人员三番五次耐心地给她讲解装修管理法规,说明保持楼宇外观统一的必要性,任其硬顶也好,软抗也罢,在原则问题上绝不退缩,业主见管理处态度这么坚决,只好按照要求进行整改。虽说违章装修的问题解决了,但这位业主的心中留下了对管理处的成见,每次见面都板着脸,管理员上前主动搭话也爱答不理。为消除她的误解,管理处不计较其态度,依然真诚地为她提供各方面帮助,换取她的理解和信任。装修时帮她打扫卫生,入住时帮她搬运家私,通过一系列微小的事情,这位业主终于主动与管理处配合,还成了协助该小区管理的主力军。

案例分析

该案例处理之所以取得如此好的效果,得益于两点处理方法:1. 坚持原则:处理该类问题要态度坚决,绝不能轻易退让,否则开了一个口子,会一发不可收拾;2. 以心换心:管理处每天都在和业主打交道,磕磕碰碰总是难免的,有了矛盾不要紧,关键是要主动用自己的真诚重新唤取理解和信任。

五、物业客户服务的具体措施

1. 树立"客户满意"的企业价值观

现阶段,我国的物业服务与发达国家和地区的最大差距之一就是观念的落后,这种差距表现在物业服务企业主要站在自身的立场上制定经营管理战略,提供服务产品,而忽视了客户的需求和满足。要求企业主动地进行换位思考,以"客户满意"作为企业文化的精髓,使"客户满意"成为物业服务企业一切经营活动的出发点和归宿。

2. 切实提高物业服务人员的职业素质

员工是企业的品牌,物业服务能否实现客户满意,很大程度上取决于服务者的素质。在物业服务领域,高素质员工不仅意味着有高学历,同时还意味着有较高的政策水平、较强的协调能力和良好的职业道德。

3. 规范化和个性化服务相结合

满足群体客户的普遍要求是日常性服务管理的重点。为了保证日常服务质量的高水平和稳定性,物业服务企业必须将客户满意的理念化为各种制度、流程、方法、技术手段并付诸清洁、维修、绿化等管理实践中。

4. 预防性和补救性服务并重

通过识别客户需求和评价客户满意度,物业服务企业不仅应前瞻性地预测客户需求并提前满足相关需求,还应对可能导致客户不满意的因素采取预防性措施,有效减少客户不满的发生。例如,通过事前签署各种文件和反复强调装修注意事项等方式防止装修纠纷的发生,在危及人身安全的地带设置明显标示以防万一等。另外,由于客观条件和综合因素的制约,实际服务工作势必存在一些客户不满意的情况,对此,企业必须采取及时妥善的补救措施,化解客户的不满情绪。重视抱怨和投诉的补救性服务至关重要:一个非常不满意的客户可能把不满告诉至少 20 个人,而这些人在产生相同需求时几乎都不会光顾该受批评的企业。

5. 全方位拓宽沟通渠道

国外研究表明,只有 1/3 的客户是因为产品(或服务)的性能和质量不满,其余 2/3 客户的不满意大都由于沟通不良。可见,充分与客户沟通是提高客户满意度的一个重要手段。在物业服务工作中,拓展与客户的沟通渠道的方法很多,如召开业主(或管委会)座谈会、进行民意调查、印发小区通讯。组织客户代表联谊会、定期走访住户、开展社区活动等。在与客户沟通的过程中,管理者应本着尊重优先的原则,采取真诚、谦逊的态度,最大限度地赢得客户的理解、满意和支持。

案例描述

贴心服务始终如一

如今人们生活水平越来越高,对于住所也不再是只求有个“栖身之所”,更讲求生活在此是否能够给人带来整洁舒心的环境,使居民的生活质量得以提高。因此,物业服务受到更多的重视。

“以我的诚心换您的放心,以我的用心换您的省心”,国内某知名物业通过细心观察和实践,紧扣客户入住前、入住时、入住后的核心关注点,推出适当前置的服务,为客户创造方便快捷、舒适温馨的生活环境。

在小区开发建设阶段,主动开展前期介入工作,站在客户的角度对小区安防设施、公共配套、道路规划等方面提出专业意见和建议,确保后期优质的物业服务及相适应的物业管理成本。

率先在行业内推行“物业管理见面会”活动,在业主正式入驻小区前,创造与客户见面的机会,主动收集业主信息,了解客户需求,从而尽量满足不同客户群体的服务需求。

通过定期回访、业主恳谈会等多种沟通形式,关注客户的居家体验和疑难问题,倾听客户的声音。项目值班经理、客户大使/助理,与业主密切接触,亲如一家,随时为客户排忧解难。

24小时客服热线、居家对讲、公司投诉专线、业主意见箱、网络投诉论坛等,确保客户可根据自身习惯顺畅表达意见建议,获得及时的服务。

物业服务不仅要为业主提供舒适的生活环境,更应具备的是一种诚心诚意的服务精神,时刻为客户提供贴心的、高效的服务。

案例分析

物业管理作为第三产业的组成部分,其服务性的特征是十分明显的。对于从事这一行业的企业或个人来说,牢固树立客户至上的理念是一个基本要求。

拓展提高

物业服务企业客户服务理念的调查

目标:

通过对物业服务企业客户服务理念的二手资料收集和实地的调查工作,让学生了解物业服务企业开展客户服务的重要性,掌握物业服务企业的客户服务理念的实质内涵,并培养学生的客户服务意识。

内容与要求：

以某一物业服务企业或某企业的物业服务项目为调查对象，完成资料收集和实地调查工作，并形成调查报告，制作演示文档，与同学分享，调查步骤如下：

1. 二手资料收集：在报刊、书籍和互联网上尽可能多地收集物业服务企业的相关资料，从中选择合适的物业服务企业作为调查对象，并且该物业服务企业在当地有物业服务项目。收集内容包括：××物业服务企业简介、服务理念、服务模式、服务创新、服务案例等。

2. 确定调查内容和访谈提纲：根据所收集的二手资料，结合所学内容，确定调查内容和访谈提纲。调查内容包括：了解和掌握××物业服务企业的客户服务理念的实质内涵，了解物业服务企业员工对服务理念的理解、认识及执行情况，以及物业客户服务的创新内容，业主对物业服务的满意度等。

3. 实地调查：到该物业项目的客户服务中心进行观察，并与物业服务企业领导、客户服务中心领导和客户服务人员进行访谈。

4. 整理调查资料。

5. 形成调查报告并制作展示文稿。

组织与实施评价：

1. 以项目团队为学习小组，小组规模是3~4人，分组时以组内异质、组间同质的原则为指导，小组的各项工作由小组长负责指挥协调；

2. 建立沟通协调机制，团队成员共同参与、协作完成任务；

3. 各项目团队根据实训内容互相进行交流、讨论并根据报告进行评估。

思考练习

一、填空题

1. ________工作是物业管理服务中的核心环节。

2. 物业客户服务的构成有________、________、________三个方面。

3. 服务是宗旨（业主或使用人）、管理是手段（物业内部员工）、________是物业服务企业最终追求的目标。

4. 物业客户服务上交换的对象就是________，它是一种无形的商品。

5. 业主（客户）________是物业服务企业首次直接面对业主（客户）所提供的相关服务

二、简答题

1. 简述物业客户服务的概念。

2. 物业客户服务的主要内容是什么？

3. 物业客户服务的具体措施有哪些？

单元要点归纳

一、物业服务

1. 物业和物业服务的含义
2. 物业服务的内容
3. 物业服务的特性及意义

二、客户服务

1. 客户服务的含义及类型
2. 客户服务理念

(1)客户永远是对的;(2)视客户为亲友;(3)把客户视为企业的主宰;(4)强化现代服务理念,提升服务品味;(5)正确处理好服务与经营的关系。

3. 客户服务对企业的意义

(1) 优质的客户服务有助于塑造企业品牌。

(2) 优质的客户服务有助于提高企业的经济效益和社会效益。

(3) 优质的客户服务是企业防止客户流失的最佳屏障。

(4) 优质的客户服务是企业发展壮大的保障。

三、物业客户服务

1. 物业客户服务的含义
2. 物业客户服务的构成:主体、客体、服务的环境。
3. 物业客户服务的主要内容
4. 影响物业客户服务的因素

(1)物业项目的周边环境,如清洁、气氛、气味、灯光、维修保养等。

(2)硬件产品,包括物业项目的设施、安防系统、园艺、服务项目、与服务有关的政策及程序等。

(3)软件服务,包括友善程度、留心程度、态度(亲切、关怀)、诚信、投入程度、言行举止等。

5. 物业客户服务的具体措施

(1) 树立“客户满意”的企业价值观;(2) 切实提高物业服务人员的职业素质;(3) 规范化和个性化服务相结合;(4) 预防性和补救性服务并重;(5) 全方位拓宽沟通渠道。

第二单元　物业客户服务人员的基本素质

单元概述

职业素质是指劳动者在一定的生理和心理条件的基础上，通过教育、劳动实践和自我修养等途径而形成和发展起来的，在职业活动中发挥重要作用的内在的基本品质。职业素质由思想政治素质、职业道德素质、科学文化素质、专业知识和技能素质、身心素质等构成。思想政治素质是指人们在政治上的信念或信仰，包括世界观、价值观。思想政治素质是职业素质的灵魂，对其他素质起着统率作用，规定着其他素质的性质和方向；职业道德素质是指劳动者在职业活动中通过教育和修养而形成的职业道德方面的状况和水平。

单元目标

● 通过本单元的学习，能熟练掌握职业素质、职业能力、职业道德等概念

● 能运用所学职业素质的知识分析自己的职业素质，找出差距，制定可行性提高计划

● 通过学习能提高自己的综合职业能力

● 在实习和各种实践活动中，进行职业体验，陶冶职业情操，培养职业道德品质，能掌握职业道德基本规范

学习任务1 物业服务人员的职业道德

任务概述

人是自然人也是社会人，每个人都生活在一定的社会环境中，必然要与他人以及社会发生各种关系。这些关系是错综复杂的，往往会产生各种矛盾，要保证正常的社会生活秩序和人与人之间的关系，就需要通过一定的规则和规范来约束人们的行为，调整人们的关系，这种规范就是道德。不同职业的人员在特定的职业活动中形成了特殊的职业关系、职业利益、职业活动范围和方式，由此形成了不同职业人员的道德规范。职业道德既是从业人员在进行职业活动时应遵循的行为规范。同时又是从业人员对社会所应承担的道德责任和义务。

任务目标

- 能理解职业道德的内涵及特点
- 能掌握物业人员职业道德的内涵并培养自己相关的道德品质

学习内容

一、职业道德的内涵及特点

1. 职业道德的基本内涵

道德现象是人类社会独有的现象，它渗透到社会生活的每一个角落，因此它的划分与社会生活的划分相一致。在具体某一社会中，社会生活大致可以分为三类：家庭生活、社会公共生活、职业生活。针对各个领域的道德，相应地就有家庭道德、社会公德和职业道德。

职业道德是指人们在职业活动中所遵循的行为规范的总和。它既是一般社会道德在特定的职业活动中的体现，又突出了在特定职业领域内特殊的道德要求。它不仅是对本行业人员在职业活动中行为准则的要求，而且是本行业对社会所负的道德责任和义务。物业服务人员也应当遵循服务至上的职业道德，用优质的服务追求最高的业主满意率。

2. 职业道德的特点

(1)职业道德具有适用范围的有限性。职业道德是与人们的职业活动紧密相连的，一定的职业道德规则只适用于特定的职业活动领域，带有各自不同的个性特征，鲜明地体现着社会对某种具体职业活动的特殊要求，它往往只约束从事该行业和职业的人员以及他们在职业活动中的行为。

(2)职业道德具有发展的历史继承性。由于职业具有不断发展和世代延续的特征，不仅技术世代延续，其管理方法也有一定的历史继承性。如客户至上，从古至今一直都是服务行业的职业道德规范。

(3)职业道德具有表达形式的多样性。社会分工越来越细，职业也就越来越多。为了保证职业活动的正常进行，各行各业都有较为具体、细致的特殊规定。通过条例、章程、守则、制度、公约等形式做出规定，具有更强的约束力。

(4)职业道德兼有强烈的纪律性。纪律也是一种行为规范，它既要求人们自觉遵守，又带有一定的强制性。职业道德以制度、章程、条例的形式表达时，就具备了纪律的规范性，带有纪律性。

(5)职业道德具有鲜明的时代性。虽然职业活动代代相传，不同时代的职业道德有着许多相同的内容。但是事物都是随着时代的发展而发展的，职业道德也随着时代的变化而不断发展。因而每一时期的职业道德，一方面，始终从一个侧面反映了当时整个社会道德的现状，具有时代特征；另一方面，随着经济的发展和科技的进步，一些新的行业诞生，新的行业职业道德也将应运而生。

案例描述

成功源于敬业

一个中国留学生在日本东京一家餐馆打工，老板要求洗盆子时要刷6遍。一开始他还能按照要求去做，刷着刷着，发现少刷一遍也挺干净，于是就只刷5遍；后来发现，再少刷一遍还是挺干净，于是就又减少了一遍，只刷4遍，并暗中留意另一个打工的日本人，发现他还是老老实实地刷6遍，速度自然要比自己慢许多。出于“好心”，他悄悄地告诉那个日本人说，可以少刷一遍，看不出来的。谁知那个日本人一听，竟惊讶地说：“规定要刷6遍，就该刷6遍，怎么能少刷一遍呢？”

如果你是老板，你希望用哪种心态的员工？

案例分析

国外一家调查显示：学历资格已不是公司招聘首先考虑的条件，大多数雇主认为，正确的工作态度是公司在雇用员工时最优先考虑的，其次才是职业技能，接着是工作经验。毫无疑问，工作态度已被视为组织遴选人才时的重要标准。

二、物业服务人员职业道德的内涵

1. 忠于职守，尽职尽责

各行各业所有工作人员，都要忠于职守，热爱自己的岗位，这是对每一个人的基本要求，也是职业道德中的首要要求，是工作规范中的第一条。

忠于职守，尽职尽责，要求物业服务人员要有强烈的事业心和责任感，不擅权越位，不掺杂私心杂念，不渎职。在工作中，凡属于自己的工作范围内的工作，应千方百计地完成，真正为业主创造“安全、舒适、宁静、方便”的工作、学习、生活环境。

2. 兢兢业业，热情服务

物业服务是为公众服务的，接触的是各种性格、各种职业、各种文化次层、各种素质修养的人。服务对象的多样性，要求物业服务人员要有很好的心理素质、很好的适应性，任何时候都要认真、细致、勤恳、谨慎地工作，才能得到众多业主的认可。

3. 积极主动，讲求实效

物业服务的内容多、范围广、要求急、情况复杂，这是从事物业服务的每一个人都会体会到的事实。管理事项大到房屋修缮，小到一个楼道的灯，要想管理好必须依靠全体服务人员的积极性和主动性。

4. 实事求是，办事公道

物业服务人员必须坚持实事求是，办事公道的工作作风。一切从实际出发，不夸大，不缩小，客观、正确地对待问题，实事求是地解决业主提出的问题。为业主服务时，切实做到公平合理，支持合情、合理、合法的行为，遇到情理与法律相矛盾时，要依法办事。

5. 遵守纪律，奉公守法

物业服务人员要一心为企业，一心为客户，与企业共荣辱，在自己的实际行动中抑制不正之风，认真学习和模范遵守法律，以自己的实际行动去影响、带动周围群众，搞好物业区域内的精神文明建设。

6. 谦虚谨慎，文明礼貌

物业服务人员应做到虚怀若谷，肯取人之长补己之短。只有始终保持谦虚谨慎的态度，才能搞好合作、协调矛盾、推动工作。

文明礼貌应该是物业服务人员的行为准则，要求对待工作要耐心、细致，态度热情，尊重他人，听取别人意见，不把自己的意见强加给别人。

7. 刻苦学习，提高素质

俗话说：“活到老，学到老”。现在所处的时代日新月异，物业服务中出现的问题日趋复杂，这就要求服务人员不断提高自身素质以适应工作需要。目前，国际上普遍都在开展终身教育、继续教育，物业服务人员当然也要参加到各类学校中来。

随着物业内容的增多，范围的扩大，要求的不断提高，要求物业服务人员不仅要掌握原有的业务知识，还要学习现代化的管理知识和业务技能，必须了解和掌握建筑业和物业服务中的新知识、新工艺、新办法、新成果，并结合我国的实际情况，运用到物业服务中去。

三、物业服务人员应具备的道德品质

1.“客户至上”的服务观念

“客户至上”的服务观念要始终贯穿于客户服务工作中，因此，物业客服人员需要具备一种客户至上的服务观念和整体的服务观念。

2. 忍耐与宽容

3. 不轻易承诺

对于客户服务人员，通常很多企业都有要求：不轻易承诺，说到就要做到。客户服务人员不要轻易地承诺，随便答应客户做什么，这样会给工作造成被动。但是客户服务人员必须要注重自己的承诺，一旦答应客户，就要尽心尽力去做到。

4. 勇于承担责任

客户服务人员需要经常承担各种各样的责任和失误。出现问题的时候，同事之间往往会相互推卸责任。客户服务是一个企业的服务窗口，应该去包容整个企业对客户带来的所有损失，应该勇于承担责任。

5. 拥有博爱之心

6. 谦虚

7. 强烈的集体荣誉感

客户服务强调的是一个团队精神，企业的客户服务人员，需要互相帮助，必须要有团队精神。

拓展提高

职业道德——职业的灵魂

一位医生走上救治“非典”病人岗位前，平静地对眼含泪水送别的亲人说：“我是医生，这是我的职责。”

某旅行团乘坐的旅游车不慎与超速改道的货车迎面相撞。当火速赶来的救援人员准备将坐在最前排的导游小文先救出来时，小文急切地说：“我是导游，后面都是我的游客，请你们先救游客。”

上述医生和导游的做法说明了什么？

思考练习

一、填空题

1. ________是人类社会独有的现象，它渗透到社会生活的每一个角落，因此它的划分与社会生活的划分相一致。

2. ________是职业道德中的首要要求，是工作规范中的第一条。

3. ________不仅是每一位合格公民的义务，对于物业服务人员还是进行正常工作的基本条件和基本要求。

二、简答题

1. 职业道德的特点有哪些？
2. 物业人员职业道德的内涵有哪些？
3. 物业人员应该具备哪些道德品质？

学习任务2 物业客户服务人员的职业能力

任务概述

综合职业能力是劳动者职业素质在能力上的集中和综合的表现，它是在职业实践的基础上，经过劳动者个人全面素质尤其是多种能力组合而形成的。而且是可以由个体自由控制并受动机影响的表现，是人具有的职业素质的外化。综合职业能力可以分解为从事职业活动所需要的专业能力、方法能力、社会能力和实践能力。综合职业能力是现代社会发展和科技进步对劳动者提出的必然要求。

任务目标

- 能够理解物业服务人员应具备的专业能力
- 能分析物业客户服务人员应具备的社会能力
- 能说出实践能力对物业服务人员的重要性

学习内容

一、专业能力

专业能力是指从事某一特定职业所必须具备的特殊的或较强的能力，强调对职业活动技术领域的应用性和针对性。

各种职业的工作性质、社会责任、工作内容、工作方法、服务对象和服务手段不同，对从业者的专业能力要求也有所不同。

物业服务在我国仍属新兴产业，但它却需要多方面的专业人才，没有一定的专业知识和专业能力是无法从事物业服务工作的。

1. 物业服务人员必须具备现代管理知识

物业客户服务人员必须具备一定的现代服务管理知识。随着物业行业的发展，物业企业的管理更加规范，具有现代化、科学化的管理趋势。采用科学化的管理可以降低成本，提高效益。

2. 物业服务人员必须具备物业管理知识与专业能力

熟练的专业技能是客户服务人员的必修课。对于物业客户服务人员来说，服务知识与技能的掌握尤为重要。

(1)良好的倾听能力是实现客户沟通的必要保障。

(2)良好的语言表达能力是实现客户沟通的必要技巧。

(3)专业的客户服务电话接听技巧是客户服务人员的一项重要能力。

(4)优雅的形体语言表达技巧体现出客户服务人员的专业素质。

(5)思维敏捷，具备对客户心理活动的洞察力是做好客户服务工作的关键所在。

(6)客户服务人员除了要掌握一定的客户服务技巧外，还要懂得一定的房屋建筑、机电设备、上下水，保洁绿化，治安消防等物业专业知识。丰富的行业知识及经验是解决客户问题的必备武器，客户服务人员不仅能跟客户沟通，而且能解释客户提出的问题。

3. 物业服务人员必须能够掌握现代办公手段

在信息化时代的今天，计算机和网络的使用已经成为现代人生活工作中不可或缺的技术手段。越来越多的物业服务企业采用信息化管理系统，使用计算机和网络构建信息化物业管理平台来实现物业科学、信息化管理。作为物业客户服务人员只有掌握了物业信息化管理技能，才能快捷有效地搞好客户服务工作。

二、方法能力

方法能力是指从事职业活动所需要懂的工作方法、学习方法的能力，强调在职业活动中运用这些方法的合理性、逻辑性和创造性。物业服务人员面对的主要服务对象是形形色色的人，要学会对不同的客户灵活地采用不同的服务方式，才能做到尽量满足业主的合理要求，减少服务不周带来的纠纷。

三、社会能力

社会能力是指从事职业活动所需要的适应社会、融入社会的能力，强调在职业活动中对社会的适应性，重视从业者应具有的积极的人生态度。

社会能力是综合职业能力的重要组成部分。物业客户服务人员应具备的社会能力有：

1. 良好的人际关系沟通能力

包括与客户、与员工以及与其他部门的沟通。

案例描述

借助多方合作，解决业主开关跳闸问题

一个业主打来电话说他们家电源的空气开关总是跳闸，希望工程部能帮助他解决这一问题，稍后客服人员就陪同两个工程技术人员上去查看原因。经过一个多小时的排查发现房间的插座里面有水，所以导致使用该插座时空气开关的跳闸，当拆下插座外壳检查后发现排线的管道里有水,这样就必须将这一根管道拆下来,换上新的管道,并对里面的电线进行更换。问题是拆除这一管道会把这一面墙给拆坏,而工程部的工程技术人员又没有装潢材料与装潢的技术,只能将为业主进行精装修的单位找来,希望他们能积极配合把这个工作做好。在装修公司的积极配合下,顺利完成了维修工作,同时也安抚了业主焦虑、烦躁的心情。

案例分析

客户服务不单单要面对业主,还要面对工程技术人员、装潢公司等其他一些服务性人员,这时就需要其相互调节、安排进度,当然最终还是要以业主的满意为目标。因此,客服人员要具有一定的组织协调能力和冷静的判断能力,要善于与业主沟通。否则,物业管理工作将变得混乱。

2. 工作的独立处理能力
3. 各种问题的分析解决能力
4. 人际关系的协调能力

四、实践能力

实践能力是指人们在改造自然和改造社会的有意识的活动中体现出来的能力,强调在改造自然、改造社会的过程中表现出来的能动性和实际操作能力。

案例描述

一次物业招聘

在一家物业公司的招聘中,有7位应聘者进入最后一轮,一起竞争客户服务助理的职位。为此,公司人事部专门安排了一次"实验室观察"实验:在实验室(墙上有单向玻璃,可以从外看到实验室内的情况)中事先布置了简明扼要的工作环境,并将7位应聘者同时安排在其中,告诉他们在室内等候并可以自己取水饮用。

期间,办公桌上的电话3次响起,2次问事,1次找人,A小姐均主动拿起电话,开口"你好",结束不忘"再见",礼貌地向来电者解释,并外出为来电者找人。实验者又安排了一人进房间,坐在一旁,A小姐主动起身为他倒了一杯水。

在A小姐转身回到自己的座位还未坐定的时候,总经理已做出了最后选择——就是她。

案例分析

其他竞争者有的比A小姐有更好的学习成绩，更优秀的外在条件，也能想到去做A小姐所做的一切，但有的却不屑去做。正是A小姐这些简单而又普通的行为，反映出了她良好的综合职业素质，使她成为最终的胜利者。

对于每一个人来说，职业技能的形成都会经历从无到有、不断增长的过程。每一个从业者都应该有意识、有计划地提高自身的综合能力。

首先，要通过自身努力在职业实践中提高职业能力。综合职业能力是在长期的职业实践中逐渐形成的，通过自己的努力，职业能力是可以不断提高的。一方面，在实践中要有意识地积累经验并予以升华，以指导自己的职业活动；另一方面，要虚心向前辈学习，提高职业能力。

其次，要珍惜学习机会，自觉提高职业能力。努力学习专业知识、增强科技意识、加强专业技能训练是提高职业技能的有效途径。专业知识是提高职业技能的基础，科技意识是现代从业人员的必备意识，专业技能的训练不仅有利于专业技能的强化，也有利于综合能力的提高。

最后，挖掘潜能，强化职业能力。潜能的一般意义是指存在于身心深处，未被自己或他人察觉，也未能得到开发和利用的潜在能力。每个人都蕴藏有不等的潜能，如果有意识地提高和拓宽自己的兴趣，加强自信心，去尝试一些未曾做过的但有益于专业发展的事情，就有可能挖掘出自身的潜能。挖掘出自身的潜能，不但有利于拓宽自己的事业适应范围，也是使职业生涯持续发展的重要因素之一。所以，每一个人都要重视挖掘自身的潜能，一般发现自己具备某种潜能，一定要有意识地去培养、锻炼、提高这种能力，使之转化为自己职业技能的一部分。

拓展提高

从物业服务行业来说，作为物业职业人，应当具备五种职业素养（简称“5C”）：信心（Confidence）；能力（Competence）；沟通（Communication）；创造（Creation）；合作（Cooperation）。

思考练习

一、填空题

1. ________是指从事某一特定职业所必须具备的特殊的或较强的能力，强调对职业活动技术领域的应用性和针对性。
2. ________是指从事职业活动所需要懂的工作方法、学习方法的能力，强调在职业活动中运用这些方法的合理性、逻辑性和创造性。
3. 实践能力是指人们在改造自然和改造社会的有意识的活动中体现出来的能力，强调在改造自然、改造社会的过程中表现出来的________。

二、简答题

1. 物业服务人员应具备哪些专业技能?
2. 物业客户服务人员应具备怎样的社会技能?
3. 你认为应该怎样提高自己的综合职业能力,拟定一个提高计划。

学习任务3 物业服务人员的心理素质

任务概述

心理素质是指个体在心理过程(即感知、情感、意志)、个性心理(气质、性格、能力)等方面所具有的基本特征和品质。它是一个人在思想和行为上表现出来的稳定的心理倾向和特征,不同的职业对从业人员的心理素质有不同的要求。个性心理特征包括气质、性格、能力等。它们反映出一个人典型性的、具有倾向性的心理特征,具有明显的个体差异,并对个体的行为产生深远的影响。客户服务的工作性质要求服务人员应自觉完善自己的气质、性格及能力,以适应工作。

任务目标

- 能正确理解物业人员应具备的心理素质
- 通过学习,能自我完善心理素质以适应工作
- 能掌握物业服务人员的个性心理及能力要求

学习内容

一、物业人员的一般心理素质要求

客户服务人员的一般心理素质是指来源于服务人员一般心理过程的素质,即对服务人员感知、情感、意志等的要求。根据客户服务工作的特性,服务人员应具备以下心理素质:

1. 具有适度的感受性和灵敏性

感受性是指服务人员对来自客户信息的反应强烈程度。灵敏性是指服务人员对来自客户信息的反应灵敏程度。

过强的感受性,会让服务人员对客户言行传达的任何消息都表现出较强的心理反应,这势必会造成服务人员精力分散,注意力涣散,精神紧张,从而影响服务质量。而过弱的感受性,会使服务人员对周围发生的现象或熟视无睹,或漠不关心,这将会怠慢客户,甚至

导致矛盾发生，从而降低服务人员在客户心目中的形象，使客户对整个服务工作产生不满。

同样，过高的灵敏性会让客户对该服务人员产生不稳重甚至想敷衍的感觉。而过低的灵敏性则会延误服务时机，使客户感到受冷落。因此，服务人员在为客户提供服务时，应按照工作程序按部就班地提供服务，既不能操之过急也不能慢条斯理。

2. 具备良好的情感倾向

情感是人心理过程的一个重要方面，它与人的需要紧密相连。不管是积极情感或是消极情感，都会对人的整个思想行为产生影响，客户服务应为客户提供积极的情感体验，因此要求客户服务人员在情感上具备以下特征：

（1）以积极情感为主导。要求客户服务人员以积极情感为指导，一方面自身应保持良好的心态，培养积极情感；另一方面对客户有一颗宽容的心，凡事从积极的、好的方面思考及解决，维系一个和谐的氛围，创造与客户共同的积极情感环境。

（2）对客户怀有深厚的情感。这里的深厚情感是指客户服务人员对客户和服务工作的浓厚情感。具有深厚情感的服务人员是情感高尚的服务人员，他们在服务工作中的热情不是凭一时兴趣，也不是一时冲动，而能在服务工作的方方面面表现出来。

（3）要有稳定而持久的情感。稳定而持久的情感是与情感深厚性联系在一起的，并在相当长一段时间内不变化的情感。具有稳定而持久的情感的客户服务人员，常常会把积极的情感稳定而持久地控制在对服务工作的热情上，控制在为客户服务上，其积极的工作态度始终如一。

3. 具备良好的意志品质

意志是人们为了实现预定目标而自觉努力的一种心理过程，客户服务工作是极其复杂的工作，需要服务人员不断地克服由各种主客观原因造成的心理障碍，不断地发挥主观能动性。只有不断地增强意志力才能做好服务工作。对客户服务人员来说，必须具备的意志品质有以下几种：

（1）自觉性。自觉性较强的客户服务人员，在服务工作中会自觉支配自己的行动，会为提高自己的业务水平而不懈努力，也能正确地对待自己的成绩与进步，虚心向他人学习，改正自己的不足，勇于克服并战胜各种困难。相反，缺乏自觉性的服务人员，对任何工作都不能坚持，凭兴趣做事，怨天尤人，耐挫折能力弱，最终导致工作质量低下，甚至给整个服务带来不可弥补的负面影响。

（2）果断性。果断性是指一个人善于迅速地根据情况的变化，采取相应措施的意志特点。在客户服务中，情况千变万化，各种矛盾复杂多变。服务人员必须具有驾驭整个事态的能力，在变化的事态中，能全面考虑，权衡利弊，恰到好处地利用一切可以利用的条件，不失时机地正确处理问题，使事态能沿着预定的目标发展，达到预期的效果。

（3）自制力。自制力是一种对个人情感、行为的自我约束力。自制力强的人，能够控制自己的情绪，无论在什么情况下，都能镇定自若，善于把握自己的行为分寸，不失礼于人。同时，还能克制、调节自己的行动，遇到困难、繁重的任务不回避，对工作不挑拣，不感情用事。

(4)应变力。应变力是对一些突发事件的有效处理,作为客户服务人员,每天都要面对不同的客户,很多时候都要面对不同的挑战,这就需要具备一定的应变力。特别是在处理一些恶性投诉的时候,要处变不惊。

4. 良好的心理调控能力

(1)情绪的自我掌控及调节能力。客户服务人员如果每天接待100个客户,可能第一个客户就把你臭骂了一顿,因此心情变得很不好,情绪低落。但你也不能回家,后边99个客户依然等着你。这时候你会不会把第一个客户带给你的不愉快转移给下一个客户呢?这就需要学会掌控情绪,调整好自己的情绪。

(2)满负荷情感付出的支持能力。客服人员对每一个客户都提供最好的服务,不能有保留。客服人员对待第一个客户和最后一个客户,同样需要付出饱满的热情。这样才能体现出对每一位客户都重视,体现出良好的客户服务水平。

案例描述

随机应变

海富花园A栋的一位住户想要搬出一部分家私,他多渠道联系此时正在国外的业主,但就是联系不上。按照管理规定,租住户搬出家私,必须要有业主的书面许可,否则管理处不予放行。急于搬出的住户情急之下,找到管理处领导,恳请给予特殊照顾。

管理处的领导经再三考虑,认为若简单放行,恐怕会损害业主的利益;若不放行,又使住户感到不满意,说我们工作死板,没有灵活性。鉴于租住户只是搬出部分家私,就提出了一个变通的办法:由租住户列出所搬出家私的清单,并暂交与家私价值大约等同的押金,管理处做好记录,并出具收取押金的收据,一旦租住户能提供业主的书面许可,管理处立即全额退回押金。这位租住户觉得管理处的建议合情合理,便欣然接受了。

时隔不久,该租住户拿到了业主同意搬出家私的书面许可,到管理处退还押金时,还对管理处这种既对业主负责,又为租住户着想的灵活做法赞许有加。

案例分析

执行规章制度必须一丝不苟,但一丝不苟并不等于死咬住条条框框不放。正确的做法是应当把握住规章制度的基本精神,把原则性与灵活性结合起来。

二、物业服务人员的个性心理及能力要求

个性心理特征包括气质、性格、能力等。它们反映出一个人典型性的、具有倾向性的心理特征,具有明显的个体差异,并对个体的行为产生深远的影响。

尽管个人的个性心理特征是在先天的基础上,经过后天的教育、环境等因素的综合影响下逐渐形成的,具有一定的稳定性特征,但客户服务的工作性质要求服务人员应自觉完

善自己的气质、性格及能力，以适应工作。具体应从以下几方面着手：

1. 发扬自我气质优势，让自己的工作干出特色

心理学研究表明，气质无优劣之分，但每种气质都有自己的优势和劣势。客户服务人员应了解自己的气质特点，挖掘其优势，避免其弱势，让自己的工作干出自身特色。

2. 培养良好的性格，使自己的工作更受欢迎

一般说来，服务人员如果具有善解人意、乐于助人、诚实谦虚、热情大方等良好性格特征，就能够与客户建立和谐的人际关系，保持最佳的服务状态，使客户感到亲切，乐意接受服务。

为了塑造良好的性格，服务人员应不断加强个人心理素质的培养。一方面，努力提高自己的文化水平，加强职业道德修养，保持乐观的心境；另一方面，努力学习别人的长处，诚心接受别人的建议和帮助；同时应积极参加社会实践，在实践中完善自己的性格。

3. 提高自己的能力，让自己的工作再上新台阶

能力可从一个人能否顺利完成某项任务来检验，人的能力受智力、知识技能、实践机会、个人勤奋程度等影响。排除智力的因素，能力的培养有赖于个人后天的努力。

服务人员的能力直接影响服务效率和服务效果。从客户服务角度来看，服务人员应具备以下能力：

(1)敏锐的观察能力。客户服务人员的观察能力主要表现在对客户的要求、态度、需要的判断上。通过客户的言谈举止等信息，判断客户内心的真实想法，并根据事态的发展做出正确的判断和决策。

(2)良好的记忆力。客户服务是一项复杂的工作。在客户服务工作中，服务人员要与各种客户打交道，每个客户的要求、需要又各不相同，因此客户服务人员应有良好的记忆力，牢记每个客户的外部特征和他们的需求。只有这样才能为客户提供优质的服务。

(3)较强的业务能力。客户服务工作有自己内在的职务范围和既定的工作程序，服务人员对这些职责、工作程序及相关的知识应熟练掌握。服务人员工作的熟练程度将直接影响服务工作的质量和水平。

拓展提高

心理素质良好的标准

一、具有充分的适应力；

二、能充分地了解自己，并对自己的能力做出适度的评价；

三、生活的目标切合实际；

四、不脱离现实环境；

五、能保持人格的完整与和谐；

六、善于从经验中学习；

七、能保持良好的人际关系；

八、能适度地发泄情绪和控制情绪；

九、在不违背集体利益的前提下，能有限度地发挥个性；

十、在不违背社会规范的前提下，能恰当地满足个人的基本需求。

思考练习

一、填空题

1. ________是指服务人员对来自客户信息的反应强烈程度。________是指服务人员对来自客户信息的反应灵敏程度。

2. ________是指一个人善于迅速地根据情况的变化，采取相应措施的意志特点。

3. ________反映出一个人典型性的、具有倾向性的心理特征，具有明显的个体差异，并对个体的行为产生深远的影响。

二、简答题

1. 物业客户服务人员应具备怎样的心理素质？

2. 如何完善自己的气质、性格及能力，以适应工作。

学习任务4　物业客户服务基本技巧

任务概述

物业客户服务涉及的内容十分广泛，它渗透在物业服务的方方面面，但不论是哪方面的内容，物业客户服务的核心都是为客户提供优质的服务。针对物业服务的特点，在提供服务的过程中，服务人员应掌握相应的心理技巧以便提高服务质量，提升企业形象。

客户服务就是与人打交道，与人打交道就意味着与人发生人际关系。在现实生活中，人际关系的复杂性成为许多人的困惑。客户服务中，由于客户在个性、个人需求等方面都存在较大的个体差异，因此客户服务中人际关系也存在一定的复杂性，处理好与客户的关系是客户服务中不可回避的问题。

任务目标

- 会正确认识客户
- 能掌握与客户交谈的技巧
- 会正确处理与客户的关系

学习内容

一、认识客户的技巧

认识客户是物业客户服务的基本功,也是物业客户服务的开始。物业服务人员应将认识客户作为提高自己工作质量的前提。认识客户的技巧包括以下几方面:

1. 主动热情地接近客户

接近客户是客户服务的开始。在物业客户服务中,接近客户的方法很多,主要包括:主动和客户打招呼、通过提供服务接近客户、通过询问接近客户等。在实际服务中,客户服务人员应通过观察,仔细琢磨,多实践,以便掌握同客户接近的好方法。

2. 记住客户的姓名,尊重每一位客户

物业客户服务有很多口号,诸如"以人为本"、"客户就是上帝"等,其精髓是要尊重客户。尊重一个人的社会活动、家庭生活中的基本需求。如何运用礼貌、热情、真诚、高超的服务,使业主得到受尊重的满足,是物业服务的一门学问。

3. 了解客户的需要

了解客户的需要,帮助客户解决实际困难是追求优质服务的体现,也有助于针对性地开展服务工作,提高服务质量和效益。

尽管物业服务没有义务包办一切,但尽自己的努力做好力所能及的事,有助于与客户建立良好的关系。

二、与客户交谈的技巧

与客户交谈是客户服务的基本形式,这种交谈形式与一般的交谈形式有一定的区别,更强调规范、得体。为达到良好的交谈效果,客户服务人员应注意以下交谈技巧:

1. 正确使用称呼

在社交中正确使用称呼是一种基本礼节。客户服务中正确使用称呼是一种基本功,常见的称呼分为敬称和泛称两种。

敬称包括人称敬称、职务敬称、职业敬称、亲属敬称等。

泛称包括通称和姓称。

通称:师傅、先生、小姐、女士等。

姓称:以姓相称,如老王、小张等。

一般说来,客户对服务人员如何称呼自己十分在意。称呼得当,能让客户在心理上认同与接纳客户服务人员的服务,与客户的交往也会变得比较顺畅。相反,如果不恰当地称呼客户,则会让客户觉得客户服务人员缺乏基本素养,甚至会惹恼客户。因此,客户服务人员应学会正确称呼客户,在客户服务过程中应多用通称和敬称,避免直呼其名。

2. 热情主动

在与客户交谈的过程中,客户服务人员应面带微笑,主动热情地与客户交谈。对客户提出的问题,服务人员应耐心解答,避免不冷不热,被动地回答客户的问题。

3. 态度谦和诚恳

在与客户交谈的过程中，客户服务人员应保持谦和的态度，诚恳地解答客户的问题。对自己能解答的问题应简洁明快地给予答复，对自己不能解答的问题也不能呆板生硬地推诿。

4. 言简意赅，忌模棱两可

在与客户交谈时，服务人员应言简意赅，简洁明快，避免啰唆重复，或词不达意，更不能给客户提供模棱两可的答复。

总之，与客户交谈是客户服务的重要环节。交谈本身也是一种艺术，客户服务人员应自觉训练良好的交谈技巧，学会在交谈时熟练使用社交语言，不卑不亢，自信干练，为客户提供优质服务。

三、客户关系处理技巧

在客户服务中，常见的人际关系问题来源于与客户的交往中，下面介绍几个常见客户关系问题的处理技巧。

1. 协调客户关系的基本原则——“和”为贵

这里的“和”不是简单要求服务人员做“和事佬”，而是追求客户与物业服务企业实现“双赢”目标。所谓“双赢”，即通过“和为贵”的人际关系处理原则，让客户有收获，或是客户的问题得到解决，或是客户获得满意的答复，或是客户受到尊重，或是客户感觉到合情合理。只有这样，服务人员才能营造一个与客户之间的良好的人际关系氛围。

2. 化解客户矛盾的良方——真诚地道歉

客户与服务人员间发生矛盾后，最简单也是最有效的方法是：真诚地道歉。现代客户服务理念中，有一种说法认为“客户永远都是对的”。这种提法也许让许多人难以理解，因为，客户也完全可能犯错误。但是，在客户服务过程中，客户是来接受服务的，不是来接受“批评”和“刁难”的。客户很反感服务人员说他们不对，更反感服务人员让他们承认自己不对。所以，许多企业处理客户关系的信条是“客户永远都是对的”。即使完全是客户的错误，也应该接受客户的责备并表示自己的歉意，保全客户的面子，帮助客户摆脱尴尬，而绝不能与客户争输赢。只有这样，服务才能令客户真正满意。

3. 处理“两难”客户关系的技巧——学会委婉拒绝

在与客户交往的过程中，服务人员常常会遇到一些“两难”问题，例如客户提出服务人员职责范围外的要求，服务人员既不便直接拒绝，又不能满足客户的要求。这时就需要客户服务人员学会“拒绝”。为了更好地解决这些“两难”的问题，客户服务人员应根据不同的情况委婉拒绝。

4. 融洽客户关系的润滑剂——学会赞美

有人说，“赞美别人，就好像是用一支火把照亮别人的生活，也照亮自己的心田”。在客户服务中，赞美是融洽与客户关系的润滑剂。

恰当的赞美能让客户获得心理满足，让他发现自己的某种优点，发扬自己的美德，还可以消除人与人之间的怨恨。服务人员应掌握赞美的技巧，适时使用恰当的赞美，为客户提供优质服务。赞美客户时应注意以下几点：

(1)要发自内心，真诚自然。赞美本身并非一件容易的事。缺乏真实情感的赞美往往显得枯燥、别扭，甚至给人虚伪、讽刺的感觉。所以，赞美别人不能勉强做作，不能简单地用套话、空话去谄媚别人，而应该发自内心。

(2)要善于赞美优点，避开缺点。每个客户都有自己的优缺点，也可能对自己的优缺点有一定的认识。因此，客户服务人员在赞美客户时，应知其所长，避其所短，给予真诚的赞美。赞美优点时，最好别打折扣，不用"但是"等转折词语淡化赞美之意，对客户优点给予充分的肯定，才能达到赞美的最佳效果。

(3)要因人而异，及时恰当。客户在个性、年龄、学历、经历等方面都存在差异，因此，在赞美客户时，应根据客户的具体情况和喜好选择赞美之辞。例如，老年人喜欢提及"当年之勇"，青年人喜欢提及"年轻有为"或"前程似锦"，商人喜欢听"生财有道"、"头脑灵活"，知识分子喜欢听"温文尔雅"、"知识渊博"等。当然，投其所好的赞美应根据事实，不可无中生有，盲目夸张，否则适得其反。

案例描述

苦口婆心——业主存心为难物业公司怎么办

某小区入住不久，一户业主不顾物业管理分公司的劝阻，硬把空调的室外机装在了主面外墙上。督促其整改的责任就落在了负责监管装修的物业管理人员崔为民身上。第一次，崔主管到业主家交涉，给业主讲述了小区安装空调的有关规定，并指出空调应当安装在指定的位置，否则会破坏小区的整体外观，向他提出必须拆下来重新安装。可业主一点说话的余地都不给，就硬把崔师傅推出了门(搞物业管理的既要吃得起辛苦，又要受得了委屈。能够受得了委屈而又不打退堂鼓，是一个成熟的物业管理者的重要标志)。第二次，崔主管又上门做业主的工作，这一次他不单是给业主讲述小区对空调安装的管理办法，还和业主天南海北地聊起了家常，力求缩短双方感情上的距离。业主显然没有上次那样生硬，但只是答应再考虑考虑(物业管理的工作经验往往就是这样从一次又一次的碰钉子中积累起来的)。第三次，崔主管敲开了业主家门，和业主坐下来谈了很久。不仅给业主讲述了该物业管理服务的理念和特色，还诚恳地征求了业主对物业公司的意见和建议，并对业主提出的从装修到入住所遇到的种种问题，给予了有理有据的说明和解释。许久，业主笑着说："老兄，你这股认真劲让我服了！我原来觉得你们这也管那也管，不舒服，总想'较劲'。听你这么一讲，明白了你们还是为业主好、为小区好。你放心，我一会儿就叫人把空调改过来。"至此，崔主管长出了一口气，问题终于圆满解决了。

案例分析

有些事情出了问题，可能原因并不在事情本身办得是否妥当。要想很好地加以解决，关键是要找准症结所在。如果发烧都当感冒治，那是庸医的做法。

拓展提高

微笑的魅力

一、微笑的内涵

微笑是自信的象征，微笑是友好的表现，微笑是温柔的符号，没有人会拒绝真诚的微笑。对于物业客户服务人员来说，微笑的技巧也是必须掌握的服务技巧之一。正如有句格言所说："没有面带微笑，就不能说有完整的工作着装。"恰到好处的微笑能告诉业主他们处在友好的环境里，我们非常愿意为他们提供服务。

二、微笑的价值

优质服务的一个重要标准就是"微笑服务"。日本松下集团董事长"经营之神"松下幸之助曾经说过："即使是把一张纸当作赠品，亦可获得客户的好感；如果连一张纸也没有，笑容就是最好的赠品。"微笑可以消除隔阂、增进友谊并且有益身心健康。

思考练习

一、填空题

1. ________是物业客户服务的基本功，也是物业客户服务的开始。

2. 在社交中正确使用________是一种基本礼节。

3. 融洽客户关系的润滑剂是________。

二、简答题

1. 如何认识客户？

2. 与客户交谈的技巧有哪些？

3. 列举几种常见的与客户关系问题的处理技巧。

单元要点归纳

一、物业人员的职业道德

1. 职业道德的基本内涵
2. 职业道德的特点
3. 物业人员应具备的道德品质

二、物业客户服务人员应具备的职业能力

1. 专业能力

专业能力是指从事某一特定职业所必须具备的特殊的或较强的能力，强调对职业活动技术领域的应用性和针对性。

(1)物业服务人员必须具备现代管理知识。

(2)物业服务人员必须具备物业管理知识与专业能力。

(3)物业服务人员必须能够掌握现代办公手段。

2. 方法能力

方法能力是指从事职业活动所需要懂得工作方法、学习方法的能力，强调在职业活动中运用这些方法的合理性、逻辑性和创造性。

3. 社会能力

社会能力是指从事职业活动所需要的适应社会、融入社会的能力，强调在职业活动中对社会的适应性，重视从业者应具有的积极的人生态度。

三、物业服务人员的心理素质

1. 物业人员的一般心理素质要求
2. 物业服务人员的个性心理及能力要求

(1) 发扬自我气质优势，让自己的工作干出特色。

(2) 培养良好的性格，使自己的工作更受欢迎。

(3) 提高自己的能力，让自己的工作更上新台阶。

四、物业客户服务基本技巧

1. 认识客户的技巧
2. 与客户交谈的技巧
3. 客户关系处理技巧

第三单元　业主收楼入住管理服务

单元概述

业主收楼入住也叫业主入伙，是指住宅小区的居民或收益性物业中的业主的迁入。当物业经过竣工验收后可以进入使用阶段，但要具备入住条件则需物业服务企业同房地产开发商办理完接管手续，由物业服务企业将入住通知书、入住手续书、收楼须知、收费通知书等一并交给业主，以通知业主按时办理入住手续。

入住是物业服务企业与业主的首次接触，标志着物业管理工作的全面展开。业主收楼入住时的服务态度、服务质量以及服务效率直接影响着业户对物业服务企业的第一印象。做好入住服务工作，可为物业服务企业赢取广大业主对物业服务工作的支持和理解，以方便日后服务工作的开展。

单元目标

- 能筹备安排入住服务前期准备工作
- 能够提供入住服务的咨询、引导服务
- 能够为业主提供入住手续的办理服务

学习任务1 入住服务的前期准备工作

任务概述

入住是指建设单位将已具备使用条件的物业交付给业主，同时物业服务企业为业主办理物业管理事务手续的过程。对业主而言，入住包括两个方面：一是物业验收及其相关手续办理；二是办理物业管理有关业务。物业服务企业所管辖的楼宇具备了入住的条件，应以方便业主为出发点，根据物业的实际情况，制订详细的入住服务流程，做好入住手续办理的准备工作，提供优质的入住服务。在提供入住服务的过程中，物业服务企业应同业主进行有效的沟通，取得广大业主对物业服务管理工作的支持和理解，做好入住的宣传以及入住手续文件的办理工作；同时，还应主动向业主介绍物业服务企业的情况、管理目标、服务标准、物业情况和入住手续的办理，协助业主做好收楼工作，为业主使用物业提供帮助，为业主的二次装修提供指导。

任务目标

- 能筹备安排入住服务前期准备工作
- 能够提供入住服务的咨询、引导服务

学习内容

入住是一个过程，在这个过程中，物业服务企业应按程序办理业主入住的相关手续。作为物业服务企业与业主的首次接触，在这一阶段，有大量的接待和入住手续的办理，各种矛盾和问题会在短时间内集中地暴露出来；同时，也由于入住是一个过程，在这个过程中，物业服务企业要协助业主按相关要求进行验楼、交款、签约、装修、搬迁等，这个过程也标志着物业服务管理工作的全面开始。

物业入住服务是指物业服务公司员工为满足业主入住中的各种需求，对业主正式使用物业时提供各种指引，帮助业主得以顺利入住而提供的劳动服务。

入住服务是物业服务企业全面展示企业敬业乐业的精神风貌、提供体贴入微的专业服务和体现高管理水平的时机，能给业主留下美好的第一印象。从一开始的入住宣传工作，发放用户须知、用户手册，向用户传递信息，到具体的办理收楼手续，再到二次装修的管理，以及业主入住后日常服务的提供等，都渗透着入住服务的工作，因此，做好入住服务工作，可为物业服务企业赢取广大业主对物业管理工作的支持和理解，以方便日后的管理服务工作的开展。物业服务企业也应充分利用这个机会，展示自己的实力和形象，赢取广大业主的信赖。

案例描述

光大花园入住服务体系

光大花园已取得了“五年入住率高达95%以上，整体销售率高达90%”的好成绩。而光大地产则认为，成功代表过去，仅靠销售成功还不够，让业主从收楼乃至居住时都感到满意，即“居住成功”，才是光大地产的最大期盼。其实，业主办理入住不只是验收房屋质量这么简单，它还包括服务整个社区的生活，即小区环境、公建配套设施建设、社区文化建设等内容。在这一思路的指引下，光大地产重新评估与总结了原先的服务体系，提出“大榕树下，亲人回家”的服务理念，并将这一理念贯穿于楼盘销售的整个过程中。

该入住服务体系实行“质检五部曲”，先由工程部、施工单位自检，然后是物业管理、销售部门质检，紧接着是高层人员质检，再者是业主代表预收楼，最后才是真正的业主收楼，力争在交楼前能解决所有相关问题。

办理入住前，该盘召开了收楼服务团队的“誓师大会”，接着举行了收楼模拟演练。涉及收楼的每一个环节都模拟实际操作一次，这样可以使收楼过程中可能发生的问题减到最少，缩短业主收楼的时间。

入住当天，发展商调动规划、工程、市场、客户服务、财务、物业等多个部门及合作公司，提供一站式交楼服务。现场设置清晰、明确的收楼程序指引，让客户通过简单清晰的收楼程序指引，按部就班地从接待处——签约处——收款处——收楼处，完成原本复杂的入住事务。同时，光大花园物业服务公司还派出“大管家”引领并协助客户办理各类手续，并由规划设计人员或管理处工程人员陪同验收，实行“首问负责制”跟踪反馈维修问题的处理情况。

为了便于各业主及住户能进一步了解光大花园的物业管理运作情况，光大花园物业服务公司编写了详尽的《住户手册》，包括物业服务公司的情况介绍、物业管理服务、装修管理规定、小区及周边配套、紧急应变和物业服务公司的承诺书六大部分，以供业主参考。在《住户手册》中，介绍了光大花园的管理规则及各单位使用规定，旨在保障光大花园全体业主的利益，让业主有效地使用其购置的物业，从而使物业保值、升值。在《住户手册》中明确希望各业主能携手合作，共创美好家园，同时，光大花园物业服务公司承诺将竭诚为各业主提供尽善尽美的管理服务。

除了做好服务流程，光大花园物业服务公司还为业主们准备了入住礼物，如特制的相册、环保购物袋、家庭用品等，还有特制的业主生活指南、住户使用说明书等。生活指南详细地将光大花园的所有配套，包括周边的众多配套的具体情况、交通线路情况都详细列出，社区文化及物业管理方面的常用内容也详细列出。此外，还有非常详尽的装修指南等一系列的关于楼宇使用的文字资料，使业主生活的各个方面更加方便。

案例分析

通过上面的案例我们可以体会到,办理入住不仅对业主来说十分重要,对物业服务企业来说也是需要花费心思去想办法办好的一件大事。案例中的物业公司在办理入住的过程中,以方便业主为出发点,实行"首问责任制",即由经过培训的物业服务人员全程陪伴业主办理入住手续,并且尽可能简化入住手续,用周到、贴心的服务使业主体会到我们努力营造的家的温暖感觉,给业主留下良好的第一印象,建立良好关系,为日后物业服务工作的开展建立了好的开端。

作为物业服务企业正式服务业主的开端,入住服务是物业服务企业真正意义上的第一次与业主的零距离接触,物业服务企业必须做好充分的入住前期筹划工作。

一、筹建物业项目管理处

根据《物业服务管理方案》筹建项目管理处,落实项目管理处的办公地点、管理用房的装修方案,采购办公设备和办公用品,落实入住期间的后勤保障工作等。管理处组织架构如图 3－1 所示。

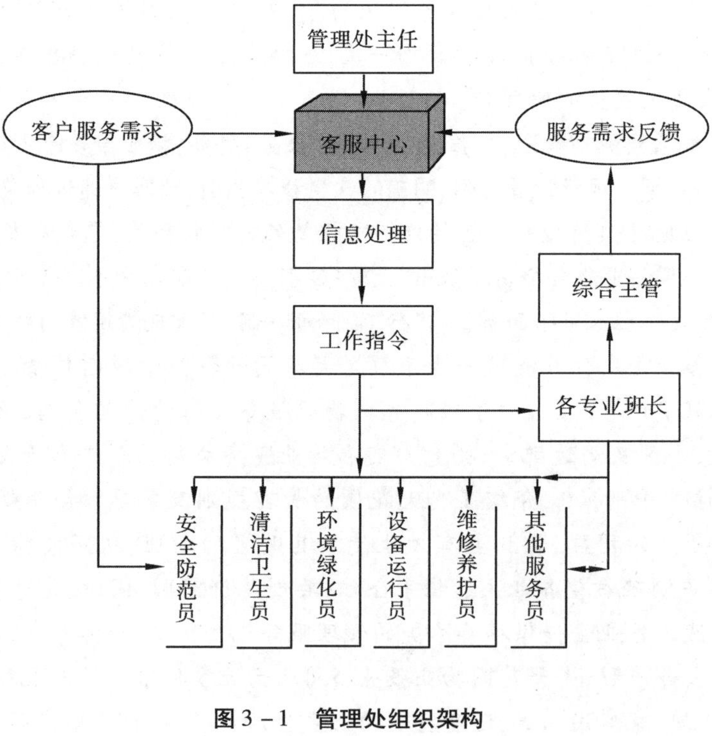

图 3－1　管理处组织架构

二、人员准备

根据《物业服务管理方案》中拟定的项目管理处人员配备情况设置工作岗位,拟定职责。根据岗位需要组织招聘项目管理处的管理人员和作业人员。在此期间，物业服务企业要与开发商之间协调、沟通（含施工单位的沟通）。由物业管理人员定期向开发商了解工程质量，并向开发商提出有利于物业使用的合理化建议方案，以便开发商与施工单位协商、改进。同时向施工单位在施工现场请教工程技术问题，避免日后在服务管理上走不必要的弯路。

案例描述

项目管理处人员设置及到位时间

（按建筑面积5万平方米的小区拟定）

1. 入住前三个月，任命物业项目经理1人，房屋管理助理2人（收款1人）到位，投入入住前的各项准备工作。

2. 竣工验收前两个月，消防中心值班人员3人（机电1人，给排水1人，电梯1人）进入现场，与机电维修工程部人员一起参与机电设备安装调试的监理工作，掌握物业设备设施的基本情况和操作规程。

3. 竣工验收前半个月，电工2人，给排水1人，进入现场，熟悉物业结构、公共配套设施和设备等，参加竣工验收工作，配合房管助理监督楼宇工程遗留问题的整改工作。

4. 竣工验收前半个月，部分保安人员到位，上岗培训后，负责对所接管物业的守卫工作。

5. 入住前一个月，项目管理处管理层人员到位，客服中心人员到位，开始挂牌办公。

6. 入住前一个月，清洁、绿化人员到位，开始对区域内环境开展工作。

7. 入住前半个月，全部保安人员配齐上岗。

8. 入住前半个月，维修班组成立，人员配齐到位。

案例分析

本小区人员配备非常符合小区大小的实际情况。

特别提示

作为一个物业管理服务区域的管理处，实际上就是一个无形产品的往复生产制造中心。既然是产品生产单位，从管理学的角度讲，就需要有一个生产指挥调度中心，来组织、指挥、协调、控制整个产品的生产过程。“客户服务中心”就是服务型产品生产单位的生产指挥调度中心，也是管理处组织架构的核心。管理处日常服务工作的80%由“客户服务中心”来完成；20%中的10%～15%由客服助理、专业主管来完成；5%～10%由管理处主任完成。管理处主任是“客户服务中心”的第一责任人。主任更多的精力应放在管理处的经营管理、日常服务、绩效考核和业务监管上。

三、文件准备

根据物业的实际情况及服务要达到的标准，制定各种规范、制度、文件和表格等入住手续文件，及时交到业主手中。随着物业管理市场的规范发展，各物业服务企业都十分重视品牌的创立，很多物业服务企业都会在统一文件范本的基础上，设计反映本企业特色的物业管理常用文本。

1. 入住手续文件

(1)入住通知书：通知书上应标明入住时间、前来办理入住手续的时间和地点、办理入住时应携带的证件等，如范本 3－1 所示；

(2)入住手续书：是为了方便业主办理入住而制定的文件，应与入住通知书一并寄往业主处，讲明入住应办理的各项手续及先后顺序，以便使业主清晰明了，有所准备，如范本 3－2 所示；

(3)房屋验收单：房屋验收单是物业服务企业为方便业主对房屋验收，监督开发商及时整改而制定的文件，如范本 3－3 所示；

(4)房屋质量整改通知书：用于房屋交付业主时，由物业部将相关问题填写后交给基建办进行整改，在基建办整改完毕并将“处理过程及未处理原因”项填写后交回物业管理部，并将整改意见及时回馈业主，对未处理项需要说明原因，如范本 3－4 所示；

(5)楼宇交接书：它是业主在验收并确认可以接受所购房屋后，与开发商签订的书面文件。业主需与开发商双方各执一份，一方面为开发商收取合同余款提供法律依据；另一方面为业主追究开发商责任提供依据。楼宇交接书一般由开发商制定发文。如范本 3－5 所示；

(6)住宅使用规约。

2. 入住发放文件

入住需要发放的文件有：业主手册；入住须知；装修管理办法；委托服务项目表。

3. 入住记录

入住需要的记录有：业主登记表；验房签收记录；入住资料登记记录；领取钥匙签收记录；委托服务登记表；入住收费记录。

范本 3－1　业主入住通知书

业主入住通知书

____________女士/先生：

您好！您所认购的________大厦________幢________室，已经由有关部门综合验收合格，准予入住。

1. 在您接到本通知后，请按《交房时间一览表》中列明的日期前来办理入住手续，地点在________。在此期间，置业营销部、财务部、物业公司等相关部门将到现场集中办公，一次性办完手续，为您提供快捷方便的服务。

2. 如果您因事繁忙不能亲自前来，可委托他人代办。代办时，除应带齐相关的文件外，还应带上您的委托书、印章和身份证以及代办人的身份证。

3. 如果您需在________以后办理手续，可以先来电咨询相关入住手续，咨询电话：____________。

4. 办理时间：9:00 ~ 12:00、14:00 ~ 16:30。

在您办理各项手续前，请仔细阅读《入住手续书》、《交房须知》及《房产证代办须知》、《入住缴款通知书》。

特此通知！

××房地产开发公司
××物业服务公司
年　月　日

注：交房时间一览表

交房时间	楼栋、单元	交房时间	楼栋、单元

注意：为了避免办理入住手续的"高峰"和"低谷"，应该以楼号为单位，对各楼业主办理入住的日期和时间进行周密的安排。此项安排在《入住通知书》中载明。

范本 3－2　入住手续书

入住手续书

____________女士/先生：

您好！您所认购的××小区________区________号楼________单元________室，现已具备入住条件，请阅读《收楼须知》和《缴款通知书》，按如下顺序办理入住手续。

1. 至开发商财务缴付购房余款及其他相关费用。　2. 至售楼部审核入住资格。

购房款项、各项配套费用已全部付清,并验合同等有关证件。 特此证明! ××××房地产开发有限公司 (财务部盖章) 年 月 日

入住资格审查合格。 特此证明! ××××房地产开发有限公司 (地产部盖章) 年 月 日

3. 至物业服务公司财务室缴付管理费用。

各项管理费用全部付清。 特此证明! ××××物业服务公司 (财务部盖章) 年 月 日

4. 至物业服务公司办公室办理收楼事项。

业主已验房,同意接收房屋并办理完成入住手续,并领取钥匙____把。 特此证明! 业主签字盖章: 年 月 日

注:本页由验房组收回。

范本 3-3　房屋验收单

房屋验收单

________幢________室业主/受托人在物业管理处的陪同下对本单元验收,检查了建筑质量和初装修情况认为:

序　号	设备名称	检查情况
1	门、窗、信箱	
2	各种门锁	
3	电器开关	
4	各种插座	
5	水龙头	
6	排水管道、给水管道	
7	阀门	
8	地面、屋面	
9	墙面	
10	阳台	
11	智能化	

（续表）

电表读数：	水表读数：
需开发商解决问题的记录	
备注：	

经本人验收了建筑质量和初装修情况后，表示满意，本人正式接收该单元，特此声明。

业主/受托人签认：

年　月　日

范本3－4　房屋质量验收单

房　号	幢　单元　层　号	业主姓名		联系电话	
需要整改的项目：					
经办人		物业部负责人		传递时间	
处理过程及未处理问题原因：					
整改完时间		基建办经办人		基建办负责人	
整改项目复查验收					
复查时间		复查人			
复查意见：					

范本3-5 楼宇交接书

楼宇交接书

甲方：××房地产开发公司（开发商）

乙方：××业主

鉴于甲方开发的“××小区”已竣工，并且经××市政府有关部门验收鉴定合格，乙方购买的________区________栋________单元________室已经具备入住条件，可以入住。开发商和业主双方同意签署本楼宇交接书，以便开发商将业主所购买的该物业正式移交给业主。双方签定本交接书，并确认下列条款：

1. 双方确认，自　　年　月　日起，该房屋经业主验收并确认可以接受所购楼宇；
2. 业主确认，已收到房屋钥匙（________把）；
3. 房屋配套设备设施齐全、质量合格；
4. 本交接书自双方签字之日起生效；
5. 本交接书一式两份，具有同等法律效力。

开发商（代表）签字：　　　　　　　　业主签字：

　　年　月　日　　　　　　　　　　　　年　月　日

四、交接准备

1. 熟悉该物业的具体情况，拟定需要改进的意见和整改措施。

2. 加强保安与服务力量，提供足够的服务，保安人员保证入住时对发生的纠纷能及时处理。

3. 做好环境卫生清洁工作，认真清扫室内外的卫生，清扫道路，为业主入住建立良好的外部环境。

4. 做好与开发商、供电商、自来水公司、燃气公司、有线电视、环卫部门、电信部门、派出所等相关单位间的联系与沟通，使业主入住后各项工作都能正常开展，避免发生矛盾。

5. 培训业主入住接待服务人员，布置接待现场，确保入住物资准确到位。物业服务企业应有计划地组织物业各级服务人员进行培训，以便使入住得以顺利进行。例如，物业服务公司可以在组织的严谨性、入住工作的专业性以及服务的亲密感等方面充分准备。业主的通知发放后，根据员工对流程熟练程度、仪容仪表和相应气质进行分组，可分为引导组（小区内）、接待组（资料组、财务组）、收楼组以及咨询组。分组后，由小组长进行相关的具体培训和指导工作，务必做到熟练、礼貌和准确。其中各个组根据分组进行相关资料的准备工作。引导组，学习走路的步伐、指引手势和礼貌用语，熟悉小区的基本情况，并负责沿路的标识的清楚、美观，能够体现出组织严密和为人服务的精神；收楼组负责每个房屋内的再次清洁和检查水电工作，以符合入住标准为准；咨询组负责装修咨询和其他咨询工作，主要由服务中心区域主管和公司领导组成。

通常来说，为了在办理入住时及时向业主提供便捷服务，应由物业服务企业入住服务人员将印刷资料、文件成品进行分类装进文件袋，并安排工程技术人员对施工单位移交的各类钥匙进行校对。如出现问题应及时向相关单位反映,尽快解决问题。确保在入住前一天各类现场及备用物资全部到位,并按照入住实施方案进行场地布置。

特别提示

场景布置是为了迎接业主入住而营造出热烈、喜庆、温馨的气氛,给业主一个回家的好心情,同时也展示了物业公司的形象。

(1)场景布置:根据制定的场景布置方案摆放花篮、盆景,悬挂条幅对联,张灯结彩,插放彩旗,高挂气球等,给人以隆重、喜庆的感受。

(2)设置导向路标,安排引导人员,使业主在办理入住手续、收楼过程中感到方便。

(3)物业管理处与开发商的工程部、财务部在入住接待处进行联合办公,实行一条龙服务。先由开发商为业主结清购楼手续,再由管理处收取入住费用、签订《前期物业管理服务协议》、《房屋装饰装修协议》、《业主公约》,发放《用户手册》,向业主发放门匙,并安排专人引导业主入室验收,对业主提出的房屋质量方面的合理意见,逐项记录在《房屋质量验收单》四联单上(承建商、管理处、业主、开发商各一份),并负责与承建商联系,限期修好房屋存在的质量问题,保证业主按时入住。

拓展提高

接待人员是物业服务的窗口,通过与业主初次交往过程中周到热情、体贴、细致的服务,使物业管理公司在刚接管物业时即能建立良好信誉,从而为物业管理工作的顺利开展铺路,也可为今后赢得广大业主的充分信任和长久支持打下坚实基础。

接待人员配备视物业辖区面积、规模及入住期间业主人流量而定。但在办理入住期间,应有专职入住接待员数名,在业主较多时,管理处其他员工应作为机动预备人员分担接待工作。

1. 对收楼入住接待员的要求

(1)熟知与本物业有关的多种情况,包括物业的建筑结构方面专业知识、本物业多种不同户型、辖区周边配套及未来规划、物业的绿化方案等。

(2)熟知与业主利益有关的多种情况,包括开发商的情况、业主与开发商容易发生纠纷的事宜、装修知识、业主与装修商容易发生纠纷的事宜等。

(3)了解现有业主的概况,包括年龄段、知识水平层次等。

(4)擅长沟通、热情大方、耐心细致。

2. 接待工作的内容

(1)管理处内应设物业概况的挂图或说明;管理公司的介绍及本物业员工工号、姓名及职位介绍。

(2)设待客室,备茶点。

(3)具体程序

①询问:向业主询问需要的服务,其物业的具体情况,装修、入住的计划等。

②交流:就业主提供的情况和所需要的服务做进一步交流。提出建议,确认为业主需要。

③介绍:适时地介绍管理公司构思与规划,并请业主参与意见;提醒与开发商交易中应注意的问题,提醒装修应注意的问题。必要时引领业主参观整个物业,同时介绍现已登记的业主年龄、知识层次,让业主了解"邻里"概况。

④引导:引导业主参与构想物业管理方方面面的工作方案、落实措施,诚恳地请业主为自己的家大胆建议。

思考练习

一、填空题

入住是指住宅小区的居民或收益性物业中业主的____________。当物业服务企业的____________工作完成以后,物业就进入可以使用的阶段。

二、简答题

1. 入住服务需要准备哪些文件?
2. 入住服务前期筹划工作有哪些?

学习任务2 入住服务工作的具体实施

任务概述

入住服务,是指物业服务企业员工为满足业主入住中的各种需求,对业主正式使用物业时,提供各种指引,帮助业主得以顺利入住而提供的劳动服务。入住服务是物业服务企业全面展示企业敬业乐业的精神风貌、提供体贴入微的专业服务和体现高管理水平的时机,能给业主留下美好的第一印象。物业服务企业在准备好业主入住的前期相关工作后,就要真正地面对面迎接业主入住了。业主收楼入住对于物业公司来说是一个重要环节,也是其开展物业服务工作的开端。按照一定的收楼入住管理流程,能使业主收楼入住顺利高效地完成。

任务目标

- 能够为业主提供入住手续的办理服务
- 能注意入住服务的细节问题

学习内容

案例描述

××小区收楼入住方案

第一部分:场地选择和现场布置

一、入住现场选择

小区销售中心。

二、现场布置

责任部门:营销部

1. 入口装饰

设立彩虹门,在门口摆放鲜花,设立条幅,红地毯。

2. 内部装饰

设置指引标志、流程组标志、入住手续办理流程图(易拉宝形式)、装修手续办理流程图(易拉宝形式);建立分割区域(建议物业公司根据实际工作需要配合布置现场)。

3. 看房通道

保证畅通、美观。

三、物品准备

责任部门:行政部

所需物品:饮料或茶水、档案袋722个(装业主带走的那份资料及协议)、抽纸10盒(业主签章、按手印擦手)、印泥6盒(业主签章、按手印)、铅笔10支、中性笔30支、中性笔芯50支、圆珠笔15支、板夹10个、A4复写纸1盒。

1. 现场秩序的控制

责任部门:物业维护部

(1)主入口车辆引导2人:保证门口车辆有序摆放,巡检停放的车辆。

(2)主入口人员进出控制2人:控制人员进出。

(3)销售大厅门岗2人:引导及现场控制。

(4)北边中间出口1人:控制人员进出。

(5)南边主路出口关闭。

2. 现场保洁

责任部门:物业保洁部

(1)销售大厅1人。

(2)楼栋4人。

(3)外围保洁1人。

第二部分:收楼入住现场办理

一、现场流程设计(略)

工作小组介绍:

组　别	主要职责介绍	负责人
身份确认组	验证身份,客户分流	客服人员
合约洽谈组	签订协议、临时管理规约、解答问题,引导客户填写业主档案,产品测试等	物业贴心管家,对应置业顾问配合
收费组	收取物业服务费等相关费用	财务人员
钥匙交接组	交接钥匙、填写记录、讲解钥匙使用办法	客服人员
房屋验收组	查看房屋、登记问题,适当解释,问题汇总和跟踪	工程人员
	接收问题,回复信息,协调整改	工程人员
装修服务组	负责装修手续办理和日常接待	客服人员
特殊问题处理组	处理特殊客户,保障顺利交房	各部门主管
其他	现场布置	客服人员
	物品准备	客服人员

二、各部门具体工作职责及工作标准

1. 身份确认组

主要职责:

(1)确认业主身份;

(2)如果房款还未结清,领到财务室结清余款;

(3)对符合条件的业主,开具《收楼入住手续办理流程单》。

2. 合约洽谈组

主要职责:

(1)指导业主签订《协议书》《承诺书》《业主档案》,收回《产品测试》,并为业主解释物业相关疑问;

(2)带领业主到收费组缴纳一年的物业费;

(3)若有业主要求装修,办理完全部手续后,带至装修服务组。

3. 收费组

主要职责:

(1)财务人员示意业主落座,为业主计算一年的物业费,并开票;

(2)缴费完毕由签约人员领至钥匙交接组。

4. 钥匙交接组

工作职责:

(1)交接钥匙,讲解两套钥匙的使用方法,请业主在《钥匙领取登记表》和《预留钥匙登记表》上签字;

(2)登记业主证,并请业主在《业主出入证领取登记表》上签字;

(3)钥匙交接完毕由签约人员领至验房组。

5. 房屋验收组

工作职责:

(1)物业维修人员带业主验房,介绍房屋的相关配套,耐心解释业主的疑问,详细记录业主的验房问题;

(2)物业服务中心每天统计《房屋验收单》,把业主提出的整改要求按户填写在《工程问题处理通知单》上;

(3)《工程问题处理通知单》一式三份,第一份物业公司留存;第二份工程部于3天内签署整改意见和整改时限后回执给物业公司服务中心,物业服务中心在接到工程部的通知单后给业主进行回复,告知处理结果或处理过程;第三份工程部留存;

(4)工程部按照填写的整改期限安排施工人员对整改项进行整改;

(5)物业公司在整改结束后安排人员进行验收。对没有整改或整改不合格的问题再次以《工程问题处理通知单》形式发给工程部,直至整改合格为止。

6. 装修服务组

主要职责:

(1)负责已经交房和正在装修业主的日常接待,报修受理;

(2)办理装修手续和审批。

案例分析

该物业收楼入住方案全面周到,各个组分工明确,职责清晰。

一、入住服务流程

1. 由房地产开发商向业主发出入住通知书

房地产开发商在办理入住前通过挂号信将入住通知书邮寄给业主,告知具体办理入住的时间及须准备带齐的资料。具体包括:开发商给业主发出的《入住通知书》,物业服务中心发出的《入住指南》《入住预备款项清单》等。

特别提示

交房必须要给业主发入住通知书的。合同上的交接一条上就有规定:商品房达到交付使用条件后,出卖人应当书面通知买受人办理交付手续。还规定了双方的违约责任,其中就有由于买受人原因,未能按期交付的处理方式:交房日期顺延,但买受人在收到书面通知规定的交房时间30内仍不办理交接手续的,每逾期一天,买受人应支付一定金额(开发商在规定的金额范围内制定)的看房费。这时书面入住通知就起了法律效力,是通知到客户交房日期的一个凭证。

入住通知书(也叫交房通知单)首先起到告知作用,故内容应明确,避免业主最终以地点不明、材料不齐备、相关费用未准备等原因纠缠其未能及时收房,推卸责任,入住通知书要注明具体询问电话,以防有所疏漏。

其次,对于房屋交付时间的固定作用。交付时即使业主再多,需要分批收房以提高工作效率,仍要在交房通知上写出具体时间,表述为"×年×月×日(可分上、下午)",而不能是类似于"×年×月×日至×年×月×日",这样的表述不够明确,若第二种表述的几日内都在交付日期之前,的确是便利了双方;但现实中往往交房通知发出的时间都是在合同约定的交付期前几日,如若交房通知中给出的收房时限其跨度已超出了我们合同中所约定的明确交付日期,而业主又恰是最后一天办理了收房,就会因此引起纠纷,让业主错以为开发商迟延交房。

第三,确定风险转移与风险承担的作用。根据规定,在买房人接到交房通知后,无正当理由拒绝接收的,房屋毁损、灭失的风险自书面交房通知确定的交付使用之日起由买受人承担;同时,这也涉及物业管理等费用的起算时间点。

因此,入住通知书发出的地址一定要以其所签订的买卖契约中的地址为准,不能有误,如有业主要求更改,不能以电话或是口头告知为准,需按合同约定或以提供书面材料为准。因为根据双方购房契约的约定,双方在以合同约定地址发出函件后经合理时间视为对方已收到。

2. 业主凭售房合同与入住通知书到指定地点办理入住手续

在办理手续时业主需备齐以下文件资料:《入住通知书》(原件)、《房地产买卖合同(预售)》(原件)、《公证书》或《公证书》证明(复印件)、身份证或护照(复印件)、《授权委托书》或委托《公证书》(原件),以公司名义购买的还需提交《营业执照》或《商业登记证》(复印件),《法人代表证明书》、《法人代表授权委托书》或董事会记录《授权委托》(原件)及公司的公章。对于租户,需要提供业主授权书、租约复印件、租户承诺书、营业执照、公司负责人/法定代表人身份证复印件,以及办理入住时需缴纳的各项费用。

3. 签订相关承诺文件

物业服务企业应在核审资料无误后,向业主介绍物业服务情况、收费情况;发放《入住须知》等相关资料及《用户手册》、《装修手册》等相关资料;并代开发商与业主签订《管理规约》,登记《业主联络资料登记表》,签订《区域防火协议书》、《委托收款合同书》等文本。

4. 收费

业主签收《入住资料签收单》后，物业服务企业按入住收费项目开具正规票据并收费。

5. 验楼

由物业服务人员和区域管理人员陪同业主验房，抄录水、电表底数并共同确认，交付钥匙，办理签收手续。若业主委托保管钥匙，应请业主填写书面“保管钥匙委托书”，物业服务企业开出“保管钥匙承诺书”。

若业主验房发现并提出质量问题，经确认，填写返修表送交开发商；物业服务企业应协助开发商进行整改后，请业主再次验房。

如需二次装修，业主须到物业服务中心办理装修手续。

案例描述

重新验收，物业费该从何时算

姚先生去年在东区购买了一套95平方米的住房，去年10月，开发商通知姚先生收房。办理了相关手续后，姚先生领到了新房钥匙。在小区物业服务企业的工作人员带领下，姚先生对新房进行验收。但在验收过程中，姚先生发现了好几处质量问题，物业服务企业工作人员将其一一记录在册。于是，姚先生退回了钥匙，要求等质量问题解决了再收房。

去年12月底，物业服务企业以挂号信的方式通知姚先生，质量问题已处理好，可以收房了。今年1月，姚先生再次前往收房。经过验房确认质量问题已基本得到解决。于是姚先生收下了新房钥匙，但是物业服务企业要求姚先生交齐去年10月至今年1月份的物业服务费。姚先生认为应该从自己验收房子合格之日起才能收物业服务费，因此与物业服务企业一直纠缠不休。重新验收，物业费到底该从何时算？

案例分析

姚先生第一次交房验收时因质量有问题退回了钥匙，应视为商品房不符合交付条件，开发商未向其交房。经整改，今年1月经验收双方确认商品房符合交付条件，姚先生这才收了新房，此时才视为法律意义上开发商正式向姚先生交付了商品房。根据国务院《物业管理条例》第四十一条规定：“已竣工但尚未出售或者尚未交给物业买受人的物业，物业服务费用由建设单位交纳。”因此，去年10月至今年1月份商品房整改期限的物业服务费属商品房尚未交付给业主期间的物业服务费，物业服务企业应向开发商收取，而不应由业主承担。

二、入住服务内容

1. 接待入住现场的所有业主，合理分流办理入住的业主，避免入住现场出现拥挤的局面，保证入住工作有条不紊地进行。

2. 核对售楼资料与业主本人身份证件。

3. 发放资料，并签订有关协议、文件。例如，某物业服务企业在资料发放上详细罗列了物业服务企业和业主双方保管的资料名称。发给业主保存的资料：住户手册，装修管理规定，用电管理规定，安装空调管理规定（附空调平面示意图），收费项目一览表。发给业主填写的资料：业主家庭情况登记表、装修申请表（业主申请装修时填写，并返原件给物业公司存档。）

4. 按照要求收取物业服务的相关费用。例如，某物业服务企业在其入住服务中发放到业主手上的物业管理服务费用是这样罗列的：管理服务费（按市物价局备案 1.80 元/平方米·月，按建筑面积计算，以商品房入住通知书上发出的日期为准，当月 15 日前，含 15 日，计收全月管理服务费，当月 15 日以后计收半月管理服务费）；专项维修基金（按相关规定代收或在指定银行缴纳）；有线电视安装费（初装费每户 300 元，有线电视每月维护费 18 元）；可视对讲系统（按每户 1 200 元计收）。

知识链接

相关费用

（1）办理产权证需缴纳的费用：

①住宅公用部位共用设备维修基金：按总房价款的 2% 缴纳；

②契税：普通住宅按总房价款的 1.5% 缴纳，别墅、度假村以及每建筑平方米价格超过上年度商品住房平均价格一倍以上的高档住宅，按总房价款的 3% 缴纳；

③房屋登记费：每套房屋按 80 元缴纳；

④房屋所有权证工本费：4 元/本；

⑤印花贴税：5 元/件；

⑥房屋面积测绘费（配图费）：具体费用以届时政府相关政策、规定为准。

（2）办理入住手续时，需向物业公司交纳的费用：

①物业管理费：物业管理公司一般以年、半年或季为阶段收取物业管理费用；

②供暖费：按照不同的供暖方式交纳一个采暖季的供暖费用；

③其他费用，如：有线/卫星电视开通费、有线/卫星电视收视费、车位管理费等。

(3)为什么按揭贷款购房的业主在办理房屋入住时,开发商要求业主委托开发商办理产权,并代收各种产权税费?

根据相关规定,开发商不能代收产权税费。但在实际操作中,因为开发商在业主的按揭贷款中,为业主向银行的借款提供了阶段性担保责任,一直要到取得房屋产权证并办理完毕抵押登记手续。在此种情况下,如果业主拖延办理产权过户手续,开发商的担保责任期限就会被延长。也确实存在部分业主因为种种原因不愿意交纳契税等产权办理费用,拖延了产权证的办理时间。

所以,为解决以上问题,开发商一般会在商品房买卖合同的补充协议中,要求业主(特别是按揭贷款的业主)在办理入住手续前签订授权委托书,要求业主委托开发商办理产权,并代收相关办理产权过户手续的文件及费用。

5. 为方便业主,物业管理处可邀请市政相关单位进场为业主办理水电、煤气、有线电视、宽频网络等的开通手续。例如,某物业公司为业主提供轻松入住一条龙服务。配合交楼时客户的需求,邀请电信、有线电视、宽带网、燃气管道、自来水等配套设施专业公司或单位在现场办理手续;还可以邀请具有资质的装修公司在现场设点提供增值套餐服务;邀请一些家具、家电商家到现场提供"优惠组合套餐"展销等,这样既方便了业主选购,也为这些企业提供了商机。

6. 业主办完上述手续后,安排专人陪同业主对物业进行验收,抄录水、电表底数。若在验房过程中发现问题,陪同验房的服务人员应详尽记录,同时办理单元门、户门的钥匙交接。

7. 安排专人接待业主相关问题的咨询,同时受理业主办理二次装修申请工作。

8. 业主验房过程中的遗留问题,集中由专人负责登记、汇总,安排日后维修工作。

9. 入住工作中资料的归档。按业主的栋号和房号进行建档编号,档案中应包括的内容:业主入住通知书,入住验房表,业主家庭情况登记表和装修申请表。

三、入住服务中的注意事项

入住服务工作是物业服务企业展示企业服务水平以及专业能力的最佳时机,在这个过程中,稍有疏忽就可能会给业主留下不好的印象而直接影响到日后管理服务工作的开展。为此,物业服务企业应该在各个环节都力争做到尽善尽美,这就需要注意做好以下几个方面的工作:

1. 制订详尽的入住服务工作计划

入住服务工作应该引起物业服务企业的高度重视,为此必须制订详尽的收楼服务计划,做到凡事有人负责。当前,各大物业服务公司的"收楼服务问责制"就是能比较好地确保收楼的每个环节有专人负责的制度。

2. 注意细节工作的落实

入住服务工作并不是很复杂,难的是要把每个服务环节中的细节都做好。例如,是否在入住通知书的发送上采用挂号信的方式并且是否有专人电话跟踪确保业主能收到;是否保证了室内外的清洁卫生。再如,在发放的文件袋中放入制作好的便民服务卡,将物业服务中心的电话，水、电、燃气公司的服务电话，有线电视和电信公司、宽带网络公司的电话都写在卡片上，方便业主入住后的生活，也会让业主感受到物业服务企业的贴心服务从办理入住时就已经开始了。

3. 协助业主做好验房工作

业主在迁入所选择的物业之前，应对其房屋质量进行验收。此时，物业服务企业应有专人协助业主做好验房工作，有专人负责记录、汇总、受理业主对房屋质量提出的问题；如确属物业服务企业接管验收时的疏漏，则应立即通知施工单位予以解决。而对于大部分业主来说，他们并没有房屋建筑的专业知识，很多房屋问题往往是在入住后才可能出现，所以，物业服务企业应抱着对业主负责的态度，协助业主对物业做仔细的检验，尽量把问题都解决在入住之前。

知识链接

关于商品房保修的有关规定

房地产开发商应当对所出售的商品房承担质量保修责任。商品房为住宅的，应在商品房交付业主时，按照国家有关规定向业主提供两书(《住宅使用说明书》、《住宅质量保证书》)，住宅质量保证书应对保修范围、保修期限、保修责任等内容进行说明，保修期从交付之日起计算。

商品住宅的保修期限不得低于建设工程承包单位与建设单位签订的质量保修协议约定的保修期的存续期。存续期少于《商品住宅实行质量保证书和住宅使用说明书制度的规定》中规定的最低保修期限的，保修期不得低于规定中确定的最低保修期限。

非住宅商品房的保修期限不得低于建设工程承包单位向建设单位出具的质量保修书约定的保修期的存续期。

1. 在保修期内发生的属于保修范围的质量问题，开发商应当履行保修责任。下列情况不属于保修范围：

(1) 对因自然灾害，不可抗拒力造成的质量损害。

(2) 因使用不当或者第三方造成的质量损害。

(3) 购房者拆、改、装修不当造成的质量损害。

2. 商品住宅的一般项目的保修期限规定如下：

保修项目与保修期限

(1) 屋面防水——5 年。

(2) 卫生间防水、外墙渗漏——5 年。

(3) 电气管线、给排水管道、设备安装——2 年。

(4) 供暖系统和设备——2 个供暖期。

(5) 地基基础和承重主体结构——设计文件规定的合理使用寿命年限内。

(6) 装修工程——2 年。

(7)门窗及五金件——1年。

(8)灯具、电器开关——6个月。

(9)国家对住宅工程另有规定的按国家规定。

拓展提高

在办理完入住手续后,业主签领钥匙,即可准备搬迁。在业主搬迁过程中,物业服务企业应做好如下工作:

1. 协助业主搬迁

物业服务企业一般可以通过代请搬迁公司、提供搬迁服务两种方式协助业主搬迁。

2. 维持搬迁秩序

在业主搬迁过程中,应尽量避免由于时间集中而造成的混乱,对搬运车辆应有专人指挥出入停放,以避免交通事故及损坏花草公物的事件发生。

3. 收取搬迁押金

在发放入住通知时,物业服务企业一般都会向业主收取搬迁押金。如果搬迁过程中发生损坏公物的事件,则视情况扣除部分或全部押金;如果未发生事故,押金如数退还。

需要注意的是,在搬迁时有些不宜放置在小区住宅楼里的物品应当提醒并拒绝业主搬入。

案例描述

巨型浴缸惹争议

上海某小区业主顾某购买了一只占地面积约8.9平方米,可放水约4.2吨的巨型浴缸,准备安装在其居住的第29层的物业内,遭到了周围业主的强烈反对。物业管理公司向有关专家进行了咨询,以房屋楼板无法承受浴缸使用时的重量为由,制止顾某吊装巨型浴缸。

案例分析

《上海市居住物业管理条例》第二十七条规定:“业主、使用人应当遵守法律、法规的有关规定,按照有利于物业使用、安全以及公平、合理的原则,正确处理供水、排水、通行、通风、采光、维修、环境卫生、环境保护等方面的相邻关系。”第二十九条第二款规定:“物业管理企业应当对装修住宅活动进行指导和监督,发现违反本条例第二十八条的行为,应当劝阻制止,并督促改正;对拒不改正的,应当及时告知业主委员会并报有关行政管理部门依法处理。”公民只能在法律规定的限度内自由行使占有、使用、收益、处分个人财产的权利。应当本着安全、合理的原则使用物业，并遵守法律、法规及业主公约的有关规定。长期使用巨型浴缸必然对大楼的楼板强度及承重结构造成危害，使大楼存在潜在的安全隐患。同时还应当顾及相邻各方的利益，以不损害公共利益和他人权益为前提，否则应加以必要的限制。

思考练习

一、填空题

1. ____________是指物业服务公司员工为满足业主入住中的各种需求，对业主正式使用物业时，提供各种指引，帮助业主得以顺利入住而提供的劳动服务。
2. 物业服务企业所管辖的楼宇具备了入住的条件，应以____________为出发点，根据物业的实际情况，制订详细的____________，做好入住手续办理的准备工作，提供优质的入住服务。

二、简答题

简述入住服务流程。

单元要点归纳

物业公司在收楼入住时，应当做足收楼入住前的准备工作。

一、收楼入住准备工作

1. 物业管理处在收楼入住前 1 个月制定收楼入住工作计划，该计划中应明确：

(1)收楼入住时间。

(2)负责收楼入住工作的人员及其职责。

(3)收楼入住手续。

(4)收楼入住过程中使用的文件和表格。

2. 收楼入住工作计划应由管理处主任批准，管理处应提前 1 个月向业主发出《收楼入住通知书》，并详细说明：

(1)需业主准备的证明材料。

(2)需业主填写的表格。

(3)办理收楼入住手续的程序。

(4)办理收楼入住手续的工作现场应张贴收楼入住公告和明确的指示标识，并指定专人负责业主办理收楼入住手续时的各类咨询和引导，以便于业主办理各项手续。

二、收楼入住审查登记

1. 管理处应建立收楼入住登记表，对业主提交的《收楼入住通知书》进行查验，确认无误后收取《收楼入住通知书》，在收楼入住登记册中注明，并向收楼入住申请人发放资料，应包括：入住说明；住户手册；住户公约；管理协议；预交费用标准；装修须知；住户登记表；装修审批表；验收交接表。

2. 上述发放的资料应在《收楼入住登记册》中由业主签收，或由管理人员注明。在提供给业主的《入住说明》中应明确由业主填写并提交的资料，包括：身份证；工作证复印件；《业主登记表》；购/租房合同的正本及复印件；已签署的《住户公约》、《管理协议》。

3. 管理处对业主的资料进行审核验证，验证内容包括：

(1)表格填写是否完整、正确和清晰。

(2)公约和管理协议是否已签署。

(3)身份证明文件与购/租房合同及《业主登记表》是否一致。审查通过后，收楼入住管理员收取购/租房合同复印件、《业主登记表》、《住户公约》1 份、《管理协议》1 份，在《收楼入住通知书》注明签收。

三、收楼入住流程、相关服务内容及注意事项(略)。

第四单元　客户装修管理服务

单元概述

住宅、楼宇接管验收交付使用后，业主（或用户）办理完入住手续，在正式入住前通常要对所购（租赁）房屋进行分隔、装修、布置等；有时住户调换后，新用户要将原来的装修拆除，按自己的意愿重新装修，通常，我们把这些都称为二次装修（初装通常是指房产开发商在交付业主使用前做的一些简单的功能性的装修）。物业服务企业要做好二次装修的管理工作，能营造出一个使业主信任且幽雅、整洁、美观的环境，保障房屋的使用安全。在管理服务过程中，要重视装修申请审批管理、装修施工验收管理的相关手续办理工作以及装修资料的档案管理，做好二次装修现场的跟踪管理工作，对违章装修要防微杜渐，既要做到有据有理坚持原则，又要尽量做好劝告说服工作，晓之以理，尽可能减少与业主发生矛盾。

单元目标

- 能够提供客户装修管理咨询服务
- 能够为业主办理装修申请审批和装修施工验收等相关手续办理工作
- 能够以适当的方式方法处理违反装修规范的行为

学习任务1 装修规范化的意义及装修流程

任务概述

物业服务企业如何管理好业主的二次装修事关重大。管得好，能给业主提供恰当的服务，营造出一个使业主信任且幽雅、整洁、美观的环境。管得不好，不仅会缩短房屋的使用寿命，而且会噪声四起，装修废物到处乱放，弄得四邻不安、怨声载道，造成业主之间的矛盾以及对物业服务公司的抱怨。因此，物业服务企业应该重视二次装修管理工作，做好二次装修流程制定及现场的跟踪管理工作，当发现违反物业装修管理规定的行为时，要采用适当的纠正方式方法，便于以后物业管理服务工作的开展。

任务目标

- 了解客户装修管理服务的意义，引导业主文明装修
- 熟悉装修管理服务的基本流程，能给业主提供装修流程咨询服务

学习内容

案例描述

业主不统一装玻璃怎么办

刘元是小区内的一位业主，有一次她在媒介中发现一种玻璃可以增加室内光线，且随外部温度变化能够调节室内温度。于是她几经周折买了此种玻璃，未经物业公司同意，拆除原有玻璃，将新买玻璃安装上去，结果因玻璃颜色与整个小区玻璃色彩反差很大，严重影响小区整体统一的布局，就此管理处向刘元元提出异议。

刘元自有道理，产权是我自己的，我自家的玻璃愿意什么颜色就什么颜色，拒不拆换。之后管理处多次协调、回访，本着“着重调解”的原则向刘元宣传了《民法通则》，《业主公约》、《管理条例》等，最后刘元态度转变，拆除了有色玻璃。

案例分析

1. 业主装修应遵守小区内的装修规定，填写装修申请表，并经物业公司批准后方可进行装修，刘元未经物业公司同意，擅自装修本身就与《业主公约》相抵触。

2.《民法通则》规定：个人利益与集体利益发生冲突时，应放弃个人利益，保持集体利益，刘元的有色玻璃与小区整体统一形成反差，如若任其作为，其他业主也效仿所为，小区的统一，整洁将被破坏。

3. 人与人之间需要沟通，只要我们管理人员把管理工作做到家，动之以情，晓之以理，相信会取得业主的理解和支持。

一、装修服务规范化的必要性

目前，违章装修的现象随处可见：有的破坏了主体结构；有的推倒了承重墙；有的在墙上打孔打到邻居家；有的凿地面忽视限度，导致往楼下渗漏水；有的随意扩大住房使用面积；有的为了增加可出租房屋数量而随意分隔房屋，甚至改变厨房、卫生间、洗手间的用途等等，这些违章装修不仅给建筑物造成了损害，还增加了各种安全隐患。

物业的装修管理服务是日常物业管理的重要内容之一，同时也是难题之一。为了保障楼宇安全、公共设施的正常使用以及房屋外观的统一美观，为了全体业主的共同利益，物业公司必须规范装修行为，加强装修管理工作，为业主提供装修方面的疑难解答，做好装修的审批把关工作，安排好装修现场的监督检查，申明装修过程中的注意事项，落实装修责任制，配合有关部门做好装修的验收工作。在管理服务过程中，对违章装修要防微杜渐。既要做到有据有理坚持原则，又要尽量做劝告说服工作，晓之以理，尽可能避免与业主发生矛盾。

案例描述

不软不硬——装修工人弄脏公共场所地面不打扫怎么办

一天午夜，某小区的某一户业主运来不少装修材料。业主叫了该住户装修工好几次，他们才下来搬运材料。业主一走，装修工头就跟装修管理人员商量，要等第二天再搬。由于装修材料不允许放在大堂，装修管理人员拒绝了他们。

装修工人只好连夜搬运，材料搬运完之后，他们没有清扫垃圾就想离开。当班的装修管理人员灵机一动，称要检查他们的装修出入证，拿到装修出入证后，装修管理人员提出先把垃圾打扫干净，才能把证件还给他们（这样就有了制约对方的办法）。装修工头恼羞成怒，抓住了装修管理人员的衣服就要动手打人，装修管理人员冷静地对他们说："你们要打我，想到后果了吗？我看你们还是先给业主打个电话，问他我这样处理对不对。"（业主比装修人员更了解和支持物业，请他们出来说话，比物业人员说话更有分量）。装修工头想了想，有道理，把手松开后，就走到一边打电话。

或许了解该物业装修管理规则的业主说了好话，打完电话，装修工头老实了许多，不仅同意打扫地面，还向管理人员进行了道歉。装修管理人员看他们忙了一阵，干得差不多了，就把出入证给了他们，并说："天也不早了，你们明天还得干活，剩下的我就帮你们打扫吧！"装修工头一听，立即拿出50元钱说："那谢谢您，说实在的，工人们今天也太累了，50元钱虽然不多，就当作给您的劳务费吧！"当然，装修管理人员没有收他们的钱。

案例分析

装修废物到处乱放，弄得四邻怨声载道，造成业主之间的矛盾以及对物业服务公司的抱怨。因此，物业服务企业应该重视二次装修管理工作，做好二次装修现场的跟踪管理工作，当发现违反物业装修管理规定的行为时，要采用适当的纠正方式方法，不能"一味来软"的，也不能"一味动硬"的。在对方迫不得已纠正时，尤其应当注意适可而止，见好就收，这样不至于结怨，便于以后物业管理服务工作的开展。

二、装修管理服务的工作程序

物业装修管理服务工作主要包括两部分，即装修申请审批管理和装修施工验收管理。物业的二次装修关系到业主的生命财产安全，关系到物业区域内的洁净，为此，物业服务公司要重视装修管理服务。首先要让业主知道二次装修不能自己随意进行，而是要在物业服务企业的监督管理之下进行。因此，要在为业主办理入住的时候，就让业主明确知晓装修管理服务流程。装修管理服务流程既是物业管理内部操作作业指导，也是方便装修人了解装修管理流程的公示性标示。因此，物业装修流程不仅要有书面形式，还应有图例形式，要求文字简明、科学和可操作性强，图例清晰明确、一目了然。物业装修管理服务流程图明示了物业装修办理手续的流程（图4－1），一般悬挂于物业客服中心或在业主入住办理现场。装修管理服务流程图一般还应与物业管理内部装修作业文件以及《业主须知》等发放给业主的资料上的内容一致。

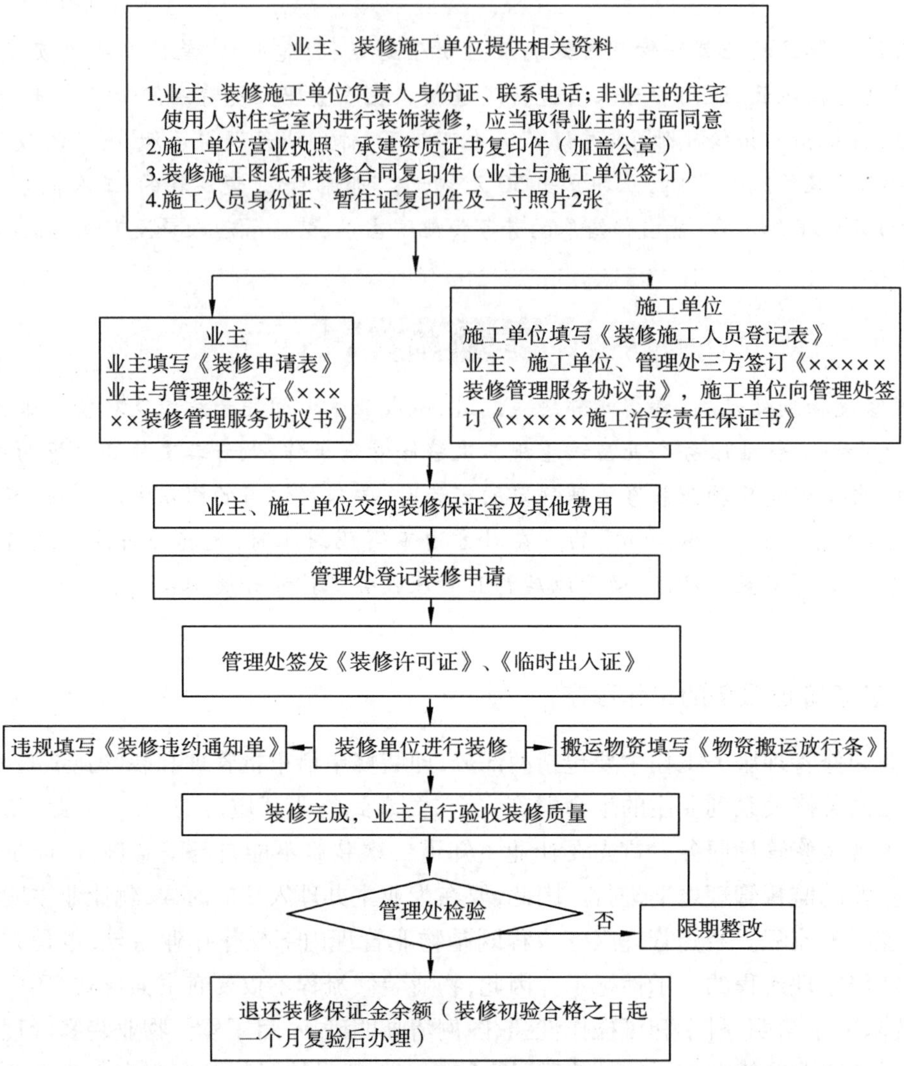

图4－1　装修管理服务流程

拓展提高

有的业主第一次装修，有时会问到物业人员关于室内装修的步骤流程（图4－2），作为服务人员也应当对室内装修的步骤有初步的了解，这样会得到业户的信任与好感。

家居装修流程

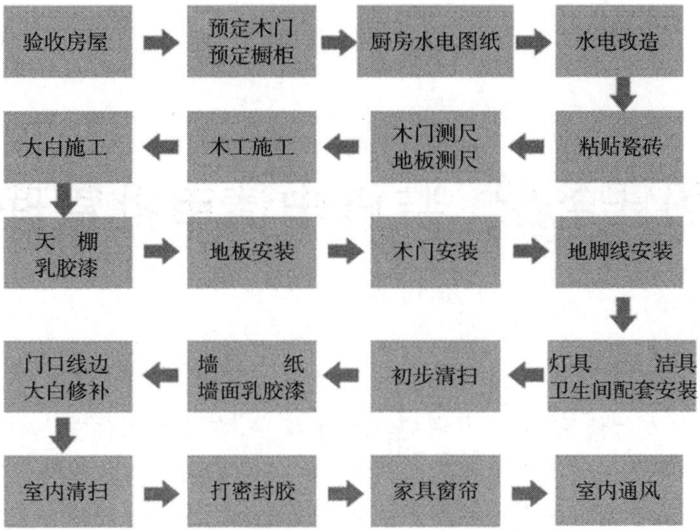

图 4－2 家居装修流程

思考练习

一、填空题

1. 住宅、楼宇接管验收交付使用后，业主（或用户）办理完入住手续，在正式入住前通常要对所购（租赁）房屋进行分隔、装修、布置等；有时住户调换后，新用户要将原来的装修拆除，按自己的意愿重新装修，我们将其叫作________。
2. 物业装修管理服务工作主要包括两个部分，即________和________。

二、简答题

1. 为什么物业服务企业要规范业主和使用人的装修行为？
2. 简述装修管理流程。

学习任务2 装修申请审批管理服务

任务概述

物业接管验收交付使用,业主办理完入住手续后,在正式入住前,如需要对房屋内部进行二次装修的,需要按照国家建设部(现住房和城乡建设部)发布的《建筑装饰装修管理规定》和物业服务企业制定的《住户装修管理规定》进行。按照规定,业主在装修前必须向物业客户服务中心提交装修申请,只有装修申请获得批准后,业主才可以动工装修,而物业服务中心则应该做好业主的装修咨询、申请及检查等服务工作。

任务目标

- 能够指导业主填写装修申请表,告知业主需要备齐的相关资料
- 会检查业主的二次装修申请,为业主办理开工手续

学习内容

一、接受业主的装修咨询,要求业主备齐相关资料

业主在办理入住手续的时候就可以向物业客服中心咨询相关装修问题,物业需提供一套有助于客户制订装修方案所需要的有关建筑细节和设计标准的平面图及示意图。平面图及示意图包括施工区域的平面图、喷淋灭火系统的布局图、供电系统示意图,及在适用的情况下与开发商的管道、排水、通风与空调、电信、消防和警报系统的连接点图。而后,告知业主在办理装修手续时需备齐的相关资料。这由业主和装修企业分别准备和提供,一般包括:物业所有权证明、装修设计图纸、装修施工单位资质复印件、施工人员身份证复印件和1寸照片,以及其他法规规定的相关内容。非业主物业使用人对物业进行装修时,还应当取得业主的书面同意。

二、指导业主填写装修申请表

业主到物业客户服务中心填写《装修申请表》(表4-1)。客服中心人员应指导装修人逐项填写《装修申请表》,各项申请要求明确无误。涉及专业部门(如水、电、气等)、建筑结构、消防等项目时,要求写明地点、位置或改变的程度及尺寸等详细数据和资料,必要

时还应附相关图纸资料等。

表4-1　　　　装修申请表

<table>
<tr><td colspan="7">装修申请表</td></tr>
<tr><td colspan="2">业主姓名：</td><td>联系电话：</td><td colspan="4">单元号：________号楼________单元________室</td></tr>
<tr><td rowspan="3">装修队</td><td colspan="2">单位名称：</td><td colspan="4">执照号码：</td></tr>
<tr><td colspan="2">负责人姓名：</td><td colspan="4">联系电话：</td></tr>
<tr><td colspan="4">身份证号：</td><td colspan="2" rowspan="3">客户服务中心经办人签字：</td></tr>
<tr><td colspan="2">装修期限</td><td colspan="3">自____年___月___日至_____年___月____日</td></tr>
<tr><td colspan="2">装修保证金</td><td colspan="3">¥　　缴纳情况：是□ 否□　　收据号：</td></tr>
<tr><td colspan="7">装修申请项目</td></tr>
<tr><td>1</td><td colspan="2"></td><td>7</td><td colspan="3"></td></tr>
<tr><td>2</td><td colspan="2"></td><td>8</td><td colspan="3"></td></tr>
<tr><td>3</td><td colspan="2"></td><td>9</td><td colspan="3"></td></tr>
<tr><td>4</td><td colspan="2"></td><td>10</td><td colspan="3"></td></tr>
<tr><td>5</td><td colspan="2"></td><td>11</td><td colspan="3"></td></tr>
<tr><td>6</td><td colspan="2"></td><td>12</td><td colspan="3"></td></tr>
<tr><td colspan="4">工程部审批意见</td><td colspan="3">办理装修工作情况</td></tr>
<tr><td colspan="4" rowspan="7">（盖章）

审批人：
审批时间：</td><td>次数</td><td>办证时间</td><td>办证个数</td></tr>
<tr><td>第一次</td><td></td><td></td></tr>
<tr><td>第二次</td><td></td><td></td></tr>
<tr><td>第三次</td><td></td><td></td></tr>
<tr><td>第四次</td><td></td><td></td></tr>
<tr><td>第五次</td><td></td><td></td></tr>
<tr><td colspan="3">备注：
具体办证情况由客户服务中心存档备查</td></tr>
<tr><td colspan="4">注：此表加盖公章才有效</td><td colspan="3"></td></tr>
</table>

三、认真核查业主二次装修申请

依业主所提交的二次装修申请，指派工程部专业员工与原建筑情况确认与核实。一般来说，根据各项法规和规定，特别是应严格按照建设部（现住房和城乡建设部）关于《室内装饰装修管理办法》的相关规定进行装修申请表的核查，对图纸和项目做出认真细致的审核，并应在在规定的工作日（一般为 3 个工作日）内予以答复，做出装修要求批示。超出操作范围的，报上级主管部门并应在规定工作日内（一般为 3 个工作日）予以答复。

四、为业主办理二次装修开工的手续

通过装修申请审核的业主和装修企业到客服中心办理装修手续,并按有关规定缴纳装修保证金(装修保证金或装修押金,用于保证装修企业严格遵守一切装修规定。装修中造成的任何损坏,将从装修保证金中扣除。装修完工并经过验收合格后,保证金将于三个月内无息退还)、装修许可证和出入证工本费、建筑渣土清运费;物业客户服务中心人员为装修企业办理《装修许可证》(表4－2)、《施工人员出入证》(表4－3)、签订《安全责任书》(范本4－1),与业主签订《装修管理协议书》(范本4－2)。请业主及装修施工单位在装修施工期间务必将《装修许可证》张贴在所申请装修房屋户门外。如在装修中需要动火的还需办理《动用明火许可证》(表4－4)。此外,在办理装修开工手续的同时,做好装修登记工作,填写《施工人员登记表》(表4－5)。装修手续办理完成后,物业服务企业派人到施工现场张贴×号×室装修公告,注明装修工期等及对周围住户打扰的道歉言语。

此外,由于二次装修的安全隐患高度集中,物业公司应当从细微处考虑,做好各项安全工作,如为准备装修的单元备齐灭火器等消防器材,以防不测事件的发生。为防止装修施工人员或装修企业不按要求办理,还应该加强装修施工期间的监督检查工作。

表4－2　　装修许可证

<table>
<tr><td colspan="6">装修许可证</td></tr>
<tr><td>业主房号</td><td></td><td>业主姓名</td><td></td><td>联系方式</td><td></td></tr>
<tr><td>装修方式</td><td></td><td>装修日期</td><td colspan="3">自____年____月____日至____年____月____日</td></tr>
<tr><td>装修单位</td><td></td><td>现场负责人</td><td></td><td>联系方式</td><td></td></tr>
<tr><td colspan="6">装修内容:</td></tr>
<tr><td colspan="6">特别提示:

提示人签字</td></tr>
<tr><td colspan="2">业主签字:</td><td colspan="4">物业服务企业(盖章)</td></tr>
<tr><td colspan="6">注:1. 本表装修时应粘于入户门外面,以便物业部查验。
2. 本表可另行复印一份交予装修负责人,以便办理出入证等。
3. 本表盖章有效。</td></tr>
</table>

表 4－3 **施工人员出入证**

施工人员出入证
出入证编号：________
姓名：________________
身份证号：________________________________
施工地址：________楼________单元________室
有效期：自____年____月____日至____年____月____日
照片粘贴处

范本 4－1

安全责任书

为了确保物业管理区域的公共设施的安全和施工安全，维护辖区的宁静、安全和外貌，本施工单位在为业主室内装修时将严格遵守下列规定：

一、认真贯彻国家、省市和上级劳动保护、安全生产主管部门颁发的有关安全生产、消防工作的方针、政策，严格执行有关劳动保护法规、条例、规定。

二、负责对施工人员进行安全生产进场教育，督促施工人员遵守施工安全操作规程，按照规定采取必要的安全防护和消防措施，负责日常的安全检查、监督工作。

三、严格按经管理处备案的装修方案作业，自觉接受管理处对装修过程的检查。

四、装修施工期间严格遵守物业管理区域的《管理规约》和各项安全、防火的管理制度；如有违反，愿意承担因此产生的一切后果。

五、施工现场不乱泼水、乱扔垃圾，不准乱堆物、乱接电线；如有违反，管理单位可收回违反者的出入证，取消施工资格。

六、施工期间要保持楼层公共设施的清洁、完好，如有损坏，须照价赔偿损失，情节严重将追究刑事责任。

七、严格执行防火、防爆制度，室内放有易燃物品时及木工、油漆阶段的现场不吸烟、不动明火，不使用电炉。在电焊、气割等动火作业前，必须按规定办理动明火审批手续。

八、因装修施工造成管道堵塞、漏水、漏电、坠落等事故，需负责修复，并视情况予以必要的赔偿。

九、在装修活动中避免出现影响建筑结构和使用安全的行为。

十、不使用国家明令淘汰的建筑装修材料和设施。

如有违反以上规定的行为，本施工单位愿意接受管理处的处理，并承担全部责任。

施工单位（盖章）

年　　月　　日

范本4-2

装修管理协议书

管理方：××××物业服务有限公司（以下简称甲方）

施工方：××××有限公司（以下简称乙方）

为了使小区业主有一个舒适、安宁的生活环境，保障业主的权益，确保房屋及配套设施的合理使用，确保小区房屋及配套设施的安全、可靠、经济适用，根据小区的实际情况和建设部〔2002〕第110号文件之规定，特制定本协议：

1. 乙方装修期限、地点及面积：

(1)施工期限：________年________月~________年________月

(2)地点：________小区________栋________单元________楼________号

(3)装修建筑面积：________ m^3

2. 施工内容：整体全部重新装修。

3. 支付装修押金人民币2 000元。

4. 装修出入证押金及工本费：

每位施工人员需交1寸免冠照片1张、身份证复印件1份，并每人交纳出入证工本费5元、押金10元。装修施工完毕后，凭出入证退还押金。

5. 装修规则：

(1)装修时间：

周一至周五：上午8:00~12:00　　下午14:00~20:00

周六至周日及法定休息时间：上午10:00~12:00　　下午14:00~19:00

(2)装修施工人员：进场施工外来人员须持有《就业证》。施工人员中的电工、电焊工、起重工、架子工等特种工种，必须持证上岗，严禁无证操作。进场施工人员必须佩戴物业发放的出入证，否则不得入内施工。

(3)临时用电、用水：施工用电、用水必须经甲方同意，并遵守供电局、自来水公司的有关规定。施工中的临时用电由甲方提供电源，乙方接出电源要安装保护装置和计量表；临时用水由甲方指定水管接出口，乙方负责施工并安装水表，工程结束45天内结清水、电费。

(4)装修材料的搬运及堆放：乙方在搬运材料时需严格遵从物业指定的搬运通道，并在指定时间内进行（运送材料时间一般为早8:00前，晚18:00后）。搬运时不得损坏或弄污公共区域的墙面、地面、天花等。若有污损，一切维修费用概由乙方负责。装修材料须放置于装修物业单元内的安全位置，不得置于公共区域。

(5)垃圾/废料清理：装修产生的垃圾及建材废料必须由乙方自行袋装化并堆放于物业指定地点。垃圾/废料的清运必须在物业指定的清运通道。（垃圾/废料的清运时间一般为晚18:00后）。

(6)公共设施及环境保护：施工单位不得在公共区域内施工，如需临时占用公共区域，需事先征得管理处同意。乙方有责任在装修期间保护单元周围环境清洁。为防止装修工程对邻近客户的影响，装修时关闭本单元门、窗，以减轻影响。物业有权随时劝阻产生噪音、震荡、强烈气味或滋扰其他客户的工程。凡此类工程必须在物业指定的非办公时间内进行。

(7)消防措施：装修期间为避免发生火灾，乙方须确保在装修范围内备有足够的灭火器具。若动用明火操作必须获得物业批准。乙方必须每天派专职监理进行现场监督。

6. 禁止事项：

(1)未获得工程部书面同意，擅自拆除或改动原单元的设备(设施)；例如：改变消火栓、烟感和喷淋头位置等其他系统的设备；

(2)未获得工程部书面同意，擅自在房屋结构之梁、柱、楼板、墙面上方进行挖槽、切割、砍凿或雕刻；擅自改变房屋的梁、柱、承重结构、屋面防水隔热层、电气线路、各种管道等；

(3)擅自占用、损坏公用部位及相应的设备；擅自占用、移动共享设备；擅自侵占绿地、毁坏绿化；擅自在建筑物、构筑物上乱张贴、乱涂写、乱刻画；

(4)排放有毒、有害物质或者发出超过规定标准的噪音；

(5)安装各类影响非租赁区域功能使用的设备、设施；

(6)施工现场使用电炉等电热器具；

(7)施工人员在施工区吸烟，尤其是在易燃易爆危险品存放点；

(8)特种工种无证上岗。

7. 乙方未按上述“装修规则”和“禁止事项”操作并造成其他租户不满和投诉的，则甲方可根据实际情况扣除装修押金，用来弥补造成损失。

8. 对乙方未按图纸施工、未办理相关消防等手续，甲方暂扣装修押金。

9. 乙方施工完毕后，需填写《退二次装修押金审批表》，并且必须由用户和其他租户签字和盖章同意退还押金。

10. 经甲方验收通过，45 天后将装修押金退还给乙方。

11. 本协议书一式两份，双方各执壹份，签字后生效。

(以下无正文)

甲方：××××物业服务有限公司(签字盖章)　乙方：××××有限公司(签字盖章)

年　月　日　　　　年　月　日

表 4－4　　动用明火许可证

<table>
<tr><td>

动用明火许可证

兹有________（单位）因施工需要，在____号____楼________房间内使用明火操作。经批准，特发此证。由________同志操作，________同志现场监护。动用明火时间自____年____月____日____时起至____年____月____日____时止，过期无效。动用明火时需要遵守以下重要规定：

1. 不在存放易燃物品的场所和规定的禁火区域内明火操作；

2. 作业区周围应派人看守，并做好场地清理工作。

</td></tr>
<tr><td>

备注：

××物业公司
（盖章）
年　　月　　日

</td></tr>
</table>

表 4－5　　施工人员登记表

<table>
<tr><td colspan="12">施工人员登记表</td></tr>
<tr><td colspan="8">年　月　日</td><td colspan="4">编号：</td></tr>
<tr><td colspan="2">业主姓名</td><td colspan="3"></td><td>地址</td><td colspan="2"></td><td colspan="2">电话</td><td colspan="2"></td></tr>
<tr><td colspan="2">施工单位名称</td><td colspan="4"></td><td colspan="2">注册地址</td><td colspan="4"></td></tr>
<tr><td colspan="2">经营范围</td><td colspan="4"></td><td colspan="2">企业资质</td><td colspan="4"></td></tr>
<tr><td>法人代表</td><td colspan="2"></td><td>电话</td><td colspan="2"></td><td>工地负责人</td><td colspan="2"></td><td colspan="2">电话</td><td></td></tr>
<tr><td colspan="2">装修项目</td><td colspan="4"></td><td colspan="2">施工时间</td><td colspan="4"></td></tr>
<tr><td colspan="2">主要材料</td><td colspan="10"></td></tr>
<tr><td colspan="2">主要施工机械</td><td colspan="10"></td></tr>
</table>

（续表）

施工人员登记表										
工种	姓名	性别	年龄	籍贯	身份证	出入证收发日期			出入证	
						已发	已收	补发	编号	工本费
工本费共计：						施工许可证发放日期：				

拓展提高

《中华人民共和国环境噪声污染防治法》第四十七条规定，“在已竣工交付使用的住宅楼进行室内装修活动，应当限制作业时间，并采取其他有效措施，以减轻、避免对周围居民造成环境噪声污染。”

思考练习

一、填空题

二次装修需要按照国家建设部（现住房和城乡建设部）发布的________和物业服务企业制定的________进行。

二、简答题

1. 业主在装修申请时，需要备齐哪些资料？
2. 简述为业主办理二次装修开工的手续都有哪些？

学习任务3 装修跟踪管理

任务概述

装修过程中,经常伴随噪声扰民及装修废弃物到处乱放的现象,有的业主甚至还会随意改动房屋结构,不仅弄得四邻不安还会缩短房屋的使用寿命。为给业主提供恰当的服务,营造出一个使业主信任且幽雅、整洁、美观的环境,物业服务企业必须做好二次装修的跟踪管理工作。二次装修现场的跟踪管理是二次装修管理的关键,装修施工期间需要特别注意施工时间、材料的进出、施工要求、垃圾清运时间、公共环境保洁的跟踪管理。安排专人对装修规定项目、消防安全和用电安全进行定时和不定时的巡查。当发现违反物业装修管理规定的行为时,要采用适当的方式方法,尽早纠正施工方的违章施工。

任务目标

- 能够跟踪并引导业主文明装修
- 会装修管理服务的基本流程,能给业主提供装修流程咨询服务

学习内容

物业服务企业应组织专业的技术服务队伍,主要是在业主装修过程中,提供现场的帮助,并就装修过程中的技术问题进行回复。同时,对装修现场进行跟踪管理。对二次装修现场的跟踪管理,主要包括以下工作:

一、控制作业时间、拆打时间

控制时间的目的主要是为了防止噪音扰民。在时间控制上特别需要注意是否下班了还在拆打,以免影响其他业主。一般装修作业时间为上午8:00~12:00,下午14:00~20:00,拆打时间为上午8:30~11:30,下午14:30~17:30,同时,根据季节不同应有所调整。为保障其他业主的休息和正常生产生活秩序,一般节假日原则上不允许装修。如有特殊情况需要装修,时间上应视具体情况相应缩短装修时间,重大节日,如中国传统春节是不允许进行装修施工的。

二、装修项目检查

检查装修项目是否为审核过的项目,发现新增项目需指导用户及时申报。监督装修公司是否按批准的设计图纸进行施工,防止装修公司置原有的设计于不顾而另搞一套,造成对楼宇结构、设施的损害。不可擅自改变房屋的柱、梁、板、承重墙、屋面防水隔热层、电

路、上下管线等；严禁任意剔凿楼地面等；新砌隔墙应使用轻质材料，不可擅自用红砖、大理石及超厚超重材料进行装修；不能擅自封闭或改变阳台用途；不能擅自改变原有门窗规格及墙面装饰；安装大型耗电电器应先经申报同意；物业装修公共空间及室外统一要求，如空调室外机的统一设置、室外机排水的统一要求、阳台栏杆的统一要求等，对于底层住户装修，不得在前阳台违章搭建等；对于超出规定或超出管理范围的要给予一定的指引，未经管理处同意，不得随意改动水、电管线走向，如煤气管改道须报煤气公司审批，并由专业队伍进行施工。如果业主拒不整改，物业公司有权走司法程序。

案例描述

设计本“一卫”，业主改“两卫”

楼上业主顾某在房屋的储藏室内擅自安装了电动抽水马桶、洗脸盆，改变废水立管的下水三通，致使楼下业主王某储藏室内的储柜及物品受损。物业管理部门两次向顾某发出整改通知，责令其拆除私装物，未果。无奈，物业公司只得将顾某告上法庭。法庭判决顾某在法院判决生效之日起十日内拆除电动抽水马桶、洗脸盆，按房屋的原始结构图，将废水立管的下水管恢复原状。

案例分析

房屋所有权人使用其房屋时，必须遵守有关的法律法规，不得擅自改变房屋的使用性质和功能。顾某擅自在自己房屋的储藏室内私装电动抽水马桶和洗脸盆，转换了废水立管的下水三通，使储藏室成了卫生间，改变了房屋的使用性质，使得楼下业主王某的房屋渗水，顾某应当承担民事责任。

三、对装修施工人员的出入进行严格控制

装修工人的来源有极大的不确定性，施工过程中的自我约束不足，就会影响到物业的治安稳定，因此，要加强对装修施工人员的管理，严格管理施工人员的出入（范本 4－3），杜绝物业区装修期间的不安全问题和无序化状态。检查施工人员的现场操作是否如实申报，是否办理了施工证。审查装修公司施工人员的情况，装修施工人员佩戴施工出入证，凭证出入，只允许施工人员在指定区域内活动，所有施工出入证于装修完毕后必须交回物管企业。禁止装修施工人员吸烟、点火或储存易燃物；禁止在公共区域发出噪声、裸体、赌博及酗酒；禁止在施工单元或公共区域大小便，只能使用指定的卫生间，禁止向马桶内倒垃圾等。

范本 4－3

×××小区装修施工人员出入管理规定

1. ×××物业实行凭证出入管理规定：一人一证（正、副两张出入证制），请各出入人员进入小区前主动出示“出入证”给大门岗值班秩序人员核实，秩序人员核实后收取副证

方可放行；

2. 非持证人员进入小区时需说明来访事由，且由业主或装修办工作人员核实后，岗亭登记方可进入小区；

3. 业主进入小区时凭卡，刷卡入内，统一从单元大堂乘坐电梯出入；

4. 施工人员、装修工人员统一从施工出入口进出施工现场（地库出入口）；

5. 进入小区的施工人员，除一楼、园林施工场地施工人员外，其余施工人员、装修工人一律不得在小区现场逗留；

6. 施工人员、装修工人不得在小区内留宿，每天18:30前须离开本小区，如需延长施工时间的，务必到服务中心办理登记备案，否则物业服务中心有权清出小区；

7. 出入证不得转借、涂改，不慎遗失的，须到物业公司装修办声明挂失并办理相关补办手续，否则视为无证人员清退出场。

四、对装修材料和设备出入和堆放加以控制

装修材料和设备是易造成装修违章的一个重要因素。在装修管理中需加强控制和管理以下几个方面：核对是否为审批同意的材料；核对是否符合相关规定；对于有特别要求的材料或设备按照规定办理相应手续，如电焊机，需要求施工队办理动火手续。运输车辆在指定卸货区卸下货物或装修材料后应立即开走。装卸货物和运输货物均需按物管企业所指定的时间和路线并听从管理员的指挥。高层业主装修使用电梯时，不得与他人争先，散装物品须袋装处理。超重、超长及易损坏电梯的建材、工具等物品须走安全通道。如范本4-4所示。如有对任何公共设施，如天花板、地板、墙身、电梯等造成损坏，将由物业公司安排修补，一切修补费用将在装修押金中扣除。

范本4-4

×××小区装修材料进场和装修垃圾清运

1. 砂子、石子等散性材料必须在区外先行袋装，否则门岗不予放行。

2. 不得将装修材料堆于户外任何地方及楼道内，不得使用电梯运送未经包装严密的沙子、石子、瓷砖等散性材料。

3. 请自觉佩戴好出入证，将装修垃圾用小手推车袋装运送到地库指定位置（装修垃圾停放点），由管理处统一安排清运。

4. 严禁在窗外、阳台外、楼梯、过道、天台等公共场所堆放、抛撒装修垃圾，严禁将垃圾、水泥浆、油漆、涂料等胶黏性建筑材料排入管道及地漏。否则，一经发现按违约处理，由此引起下水道堵塞的，全部损失由装修施工单位承担。

5. 门岗根据可放行、核对放行规定来核对放行材料，见下表：

可以放行进入的材料	需要现场确认放行进入的材料
水泥、粉、油状、袋、瓶装室内用料、涂料	钢筋，模板，脚手架、浇灌车
细沙袋装	空调、室外热水器
室内地砖、木板、柜子、灯具	入户门、红砖、室外造型石头
室内门、玻璃(入户门除外)	窗框、铁护栏、外窗玻璃
室内其他装修无影响外观材料	各类改变外观装饰材料(假山、假树等)
室内装修用具	用于室外的其他材料或无法确认用途材料

注：1. 搬运装修材料过程中，安管部应通过各种方式进行监控，避免电梯、大堂走廊门、窗、地面瓷砖及其他设施损坏，装修材料进入小区时安管部负监管主责；装修办核实人员放行，违规材料装修已成型的，装修办负主责。

2. 装修单位如因装修引起墙面开裂或楼宇结构等问题，一概由申请人负责。

案例描述

儿童点燃香蕉水发生爆炸被炸死

2002 年 5 月 7 日，郑某 6 岁的儿子小俊和另外两个小朋友 10 岁的小浩、11 岁的小文一起玩，3 人到了他们的暂住地、深圳市罗湖区某花园的一栋楼后玩耍，从该楼后一堆放杂物的临时搭建的小房子里，孩子们发现了房子里面有几个放香蕉水的小铁桶。此时，暂住在该花园的一个单元里的另一个孩子 9 岁的小豪，找到了他们一起玩。他们用木棒点燃香蕉水玩，结果，小豪将燃烧的木棒插入香蕉水小桶后发生爆炸，小俊则因离得近被严重烧伤。事故发生后，小俊的父母赶快把孩子送到了深圳红十字会医院治疗了 18 天，后因付不起医疗费无法继续治疗而被迫出院。6 月 13 日，小俊因大面积烧伤致败血症，父母本来打算送孩子回老家潮阳继续治疗，但在回去的途中孩子不幸死亡。

孩子的父母把该花园的物业管理公司和另 3 个肇事孩子告上了法庭。近日，罗湖区人民法院做出一审判决，死亡孩子的父母共获得近 13 万元的赔偿金，其中包括精神赔偿金 8.5 万元；物业公司因不作为被判赔近 7 万元。

案例分析

罗湖区法院审理后认为，被告某物业管理公司对易燃易爆物品香蕉水置于儿童容易获得的地方，对爆炸事故负重要责任。装修材料中，有很多易燃易爆危险化工产品，物业公司在易燃易爆危险物品放置上必须按照严格的规定进行摆放和做出相关的安全处理，以防止意外发生。

五、查看施工现场的防火设备是否配备，各种操作是否符合安全要求

控制装修公司动用明火的操作，施工现场不准吸烟。除按规定在施工现场配置消防器材外，还应由专人负责防火安全。

六、检查垃圾是否及时清运，有无乱堆放现象

装修垃圾是装修管理中的一个重要内容，其对物业环境和业主以及物业使用人的工作生活有着极大的影响，甚至会产生环保、安全等方面的隐患。因此，装修垃圾必须及时袋装清运，其中废弃木材类应用绳全部扎成捆，堆放到指定地点，并按有关规定缴纳建筑垃圾清运费。搬运沙石、铲除废物及小物件时，要有完好包装，不能在搬运途中随地遗漏，砖石块与木材不分流者、建筑垃圾不袋装者不得出本装修区域，不得堆入堆放场地。严禁向窗外、阳台外，以及在楼梯、过道、天台等公共场所堆放、抛撒建筑垃圾；严禁将垃圾倒入下水道或将生活污水由雨水管道排出，若有造成排水系统堵塞，装修公司需承担所有责任。

案例描述

用户洗菜池下水管堵塞，住户以维修未使用任何材料为由拒不缴费

2013 年年底，某大厦 6 楼一住户洗菜池下水管堵塞，电话委托管理处维修班疏通。维修人员及时赶到现场。由于下水管堵塞严重，在 6 楼疏通不开，又转到 5 楼，从下水管检查孔反向往上清疏。经过 3 个多小时的努力，管道彻底疏通了。疏通中从下水管里掏出不少沙子、白灰和油漆块，证明堵塞是该住户装修造成的。谁知当维修人员收取 40 元维修费用时，该住户以维修未使用任何材料为由，拒不交费，并振振有词地说，自己装修完刚入住，别的楼房都有一年保修期，他也应当住满一年后再交费。情况反映到管理处，主管领导上门做工作。首先，征询该住户对维修人员文明用语、工作态度、维修质量的意见，他均表示满意（选择这一话题切入，自然贴切，同时也避免了客户为拒绝交费再横生枝节）。然后，便耐心地给他解释，室内维修发生的包括人工费在内的所有费用，都要由业主住户承担（如果能事先说明需要收费及收费标准，效果可能更好），并在核对这次疏通下水管工作量的基础上，进一步申明收取 40 元维修费，已给予了相当的优惠。这位住户觉得主管说得有理有据、合情合理，消除了误解，便愉快地交付了应付的维修费用。

案例分析

即使在市场已经相当发育的地区，亦有相当一部分业主用户对物业管理法规缺乏足够的理解。物业公司应当善于利用多种渠道做宣传工作，向业主用户普及物业管理法规知识。通过提高他们对物业管理的认知度，为自己管理服务的顺利实施铺路。

案例描述

外墙开一窗，大楼留一疤

住在上海某小区19楼的业主卫某，在自己房内卫生间的东墙开窗，将厚厚的外墙打穿。物业公司多次上门加以阻止，卫某不听劝阻，继续施工安装窗户，致使19层到底层墙面被泥浆污染。物业公司只得将卫某告上法庭。法院判决：卫某在法院判决生效之日起十日内拆除东墙上的窗户，恢复原状；清洗19层到底层因破墙开窗引起的墙面污染。

案例分析

作为一个业主，应当遵守有关法律、法规及小区物业管理公约。卫某擅自在自己的房屋东墙破墙开窗，并由此造成外墙面的污染，严重损坏了房屋的承重结构，破坏了大楼的外貌，影响了周边的环境。物业管理公司根据物业管理条例及小区管理公约对卫某采取制止措施，维护了其他业主的合法权益。

装修责任应予以明确，凡超出规定的装修行为均属违章装修，违章的处理应依照法规执行。凡因装修施工造成损坏公共设施、设备及公共部位或给他人财物造成损失的，由装修户承担全部责任及后果；因装修施工造成管道堵塞、漏水、停电、坠落等事故，装修户须负责修复（或承担修复费用），并视情况予以必要的赔偿；因装修施工引起报修的，装修户应承担全部维修费用；在公共部位可允许的且不影响他人的范围内和泥沙，须在铁板或厚胶合板上实施，违者必须修复损害部位，并向物业服务公司缴纳修复费用和罚款。

案例描述

通过仲裁纠正业主的违章装修行为

王某系某海景大厦业主，其于2001年7月4日到管理处办理入住手续，并签署《业主公约》。同年7月9日向物业管理公司提出阳台装修申请，并在申请表中承诺：(1)本人严格遵守管理处的《装修管理规划》；(2)保证阳台窗户统一、美观、安全，并保证不把空调安装在阳台外面；(3)安装阳台窗户必须服从管理处统一管理。此后，王某违反小区安装管理规定，擅自在阳台安装有框式窗户，将阳台封闭，且擅自拆除阳台的门和墙体，把木地板直铺到阳台，将阳台的地漏封堵。物业管理公司发现后即劝其整改，并于9月18日发出通知，要求王某拆除违规封装之阳台，但王某均置之不理。无奈之下，物业管理公司向人民法院起诉，法院以本案当事人双方有仲裁协议为由，驳回起诉。物业管理公司遂起诉到深圳市仲裁委员会，2002年10月30日，深圳市仲裁委员会受理此案。

根据事实和理由，仲裁庭裁决如下：被申请人于本裁决书发出之日起15日内恢复其阳台原状。

案例分析

在实际生活中，对业主的违章装修行为，物业管理公司通常采用的方法是：(1)向违章业主发出整改通知；(2)向有关行政主管部门投诉；(3)停水停电。从实际效果来看，第一种方法是解决问题的最快捷的方式，但通常情况下，业主不予理会。第二种方法面临的问题是，对业主的违章装修行为应当向哪一个行政主管部门投诉，是物业管理行政主管部门还是建设行政主管部门？对业主装修行为是否违法的认定，应当由国土与规划部门负责还是建设部门来负责？其结果，物业管理公司通常是投诉无门。第三种方法面临的问题是物业管理公司是否有权依《业主公约》的约定，对业主采取停水停电的措施，停水停电是否构成侵权。在上述三种方法均不能解决问题的情况下，物业管理公司有权依据《物业管理合同》和《业主公约》中的仲裁协议申请仲裁。

根据《中华人民共和国仲裁法》第二条的规定："平等主体的公民、法人和其他组织之间发生的合同纠纷和其他财产权益纠纷，可以仲裁。"在物业管理活动中，业主与物业管理公司之间是平等的民事主体关系，《物业管理合同》和《业主公约》中的仲裁条款对业主和物业管理公司均具有约束力。所以，当发生物业管理争议时，如果有仲裁协议，无论业主还是物业管理公司均有权依仲裁协议提起仲裁。

思考练习

简答题

装修现场的跟踪管理工作主要包括哪些内容？

学习任务4 装修竣工验收服务

任务概述

装修的竣工验收，是物业服务企业监控装修人按原来《装修申请表》施工的最后一道防线。业主在装修完成之后，向物业公司提出装修工程竣工验收申请，填写装修验收表，物业公司派装修管理专业人员现场对照装修申报方案和装修实际结果进行比较验收，验收合格签署书面意见，以便装修人办理押金的退还。验收不合格，提出书面整改意见，要求装修人和装修企业限期整改。发生歧义、无法统一意见和装修人拒不接受的，报请上级主管部门处理。

任务目标

- 能够进行装修竣工验收服务
- 熟悉装修竣工验收的内容
- 能够处理二次装修中常见的问题

学习内容

一、装修竣工验收服务

装修施工结束后，由装修人和装修企业负责人共同向物业公司提出验收申请。物业公司在当日内组织专业人员对装修进行现场验收。装修如无违章情况，按以下程序办理：竣工验收合格的，由指定人员在《装修竣工验收申请表》（表4－6）内“验收人意见”栏目签署“初验合格”，并签署姓名及日期。装修企业当日清场离开。装修验收合格并使用一个月后，管理处应对装修施工组织复验，复验没有问题，由指定人员在《装修竣工验收申请表》内注明“复检合格”后，送物业经理审批，由财务部门退还装修人及装修企业的装修押金，物业客服中心收回施工证，如有丢失，装修企业应给予赔偿。如在装修过程中发现有违章情况，按违章办法办理。具体做法是：装修施工验收时，装修人有违章装修行为的应视实际情况，按规定做出估价，列清扣款数额，经物业经理同意后，将扣款清单一份交装修人，一份交财务部门。由财务部门按以下方法扣款：先从装修企业的装修押金中扣款；装修企业的装修押金不足以补偿扣款的，再从装修人的装修押金中予以补扣；扣除装修人的装修押金仍不能补偿扣款的，要求装修人予以补足。装修资料要整理归档，长期保存。

物业服务企业的专业人员检查业主是否按原来的申报方案施工，在具体验收上可分室内、外观两部分，同时，装修验收应按下文服务细则中的装修管理要求认真查验。

1. 楼宇结构安全方面

铺设的大理石厚度是否超过 1 厘米，过厚会增大楼板的承载力，带来潜在的危害；查验建筑防水处理效果是否达到设计要求。

2. 生活设备设施安装方面

管线的负荷和走向是否符合申报方案，个别不良施工人员，为图自己施工方便，往往不沿墙角、边等埋设管线；浴室内安装燃气热水器是否采用强排式，其排气管是否超出墙面 1 厘米；安装抽油烟机是否接入烟道；如同意装防盗网，其安装的款式、宽度、厚度是否符合要求；是否按位置安装空调室外机，其排水管是否接入专用管道；是否将生活污水排入雨水管道；是否破坏公共设施、设备；装修垃圾是否清运完毕。如发现问题，物业服务企业有权要求在 10 天内整改，因此而引起的延误由业主和装修企业负责。

表 4－6　装修竣工验收申请表

验收日期：　竣工日期：　编号：		
房号：　业主姓名：　验收人：		
验收内容：		
是否按装修申请内容进行装修	是□ 否□	现状：
是否对主体结果有破坏、改动	是□ 否□	现状：
强弱电是否有改动	是□ 否□	现状：
门控是否有移位	是□ 否□	现状：
暖气设备是否改动、移位	是□ 否□	现状：
管道是否封包	是□ 否□	现状：
各检修口是否符合要求	是□ 否□	现状：
卫生间是否做二次防水	是□ 否□	现状：
公共设施设备是否有破坏	是□ 否□	现状：
相邻房屋是否有损坏	是□ 否□	现状：
地漏是否更换或改动	是□ 否□	现状：
空调是否按要求安装	是□ 否□	现状：
其他：		
在装修期间是否有违规行为	是□ 否□	处理结果：
在装修期间是否有扰民现象	是□ 否□	处理结果：
装修垃圾是否乱堆乱放	是□ 否□	处理结果：
其他：		

（续表）

业主签字：				
工程部	验收人意见		签名日期	
	验收人复检意见		签名日期	
	主任意见		签名日期	
	主任复检意见		签名日期	
客户服务中心	验收人意见		签名日期	
	验收人复检意见		签名日期	
	主任意见		签名日期	
	主任复检意见		签名日期	
经营部	验收人意见		签名日期	
	验收人复检意见		签名日期	
	主任意见		签名日期	
	主任复检意见		签名日期	
总经理	意见		签名日期	
费用结算	装修工作证押金		财务经办人签名	
	装修保证金		财务经办人签名	
	逾期/违章罚款		财务经办人签名	
备注：				

二、装修管理服务中的常见问题

业主在二次装修施工过程中，由于对建筑结构及建筑物的整体美观认识不足，出于自我方便或爱好的考虑，往往会做出一些违章行为。对装修过程中的违章行为，特别是对那些影响楼宇结构安全的违章行为，作为装修管理服务人员要敢于坚持原则，维护广大业主的共同利益，不能得过且过，无原则的忍让将造成部分业主得寸进尺，甚至被其他业主告上法庭。

1. 破坏承重体系

业主在二次装修时，由于抱着侥幸心理，以及缺乏建筑方面的知识，容易不经意地破坏承重体系。对于早期建造的砖混结构的建筑物，预制板墙一律不能拆除或开门洞。在承重墙上开门洞，会破坏墙体的整体承重，这是不允许的。物业客户服务中心应在业主/使用人申请装修时申明承重墙的位置，避免不必要的违章。

2. 破坏墙体中的钢筋

钢筋犹如人体中的筋骨，如果在二次装修时因为埋设管线而将钢筋破坏，就会影响墙体和挡板的承受能力,一旦发生灾害,这样的楼板就容易坍塌或断裂。

3. 拆除分隔阳台里外的窗间墙

一般分隔阳台内外的墙体是不能拆改的,因为这堵墙犹如秤砣一样起着挑起阳台的作用,拆改了会使阳台的承重能力下降,导致阳台下坠。

4. 擅自改变阳台功能

对于旧住宅小区,擅自改变阳台的功能是比较普遍的现象。很多时候,业主将原来设计中没有防水要求的阳台变为卫生间、厨房或者封闭阳台,这样做不仅破坏了建筑物外观的整体性,改变了建筑物排水系统的走向,更严重的是加重了阳台的负荷,也容易造成渗漏。

5. 破坏卫生间和厨房的防水层

较多装修工人在二次装修时没有注意,因此在更换或安装有关卫生洁具时,出现防水层被破坏的情况,造成下层渗漏水,导致下层住户的权益受损。

三、装修管理服务中的常见问题的处理方法

二次装修施工期间,通过定时和不定时的巡查,及时发现违章装修。出现违章作业的,应立即要求装修人停止违章装修,并视情况采取以下方式进行处理:

1. 批评教育,规劝改正。
2. 责令停工,出具《违章整改通知单》,限期整改并责令恢复原状。
3. 要求赔偿损失或按规定处罚。
4. 情况严重的,上报当地上级主管部门。
5. 必要时可走司法程序。

拓展提高

业主装修出现违章,很大一部分原因就是对业主装修管理的条款不是很清楚,作为物业服务人员,应该提醒业主一些装修的注意事项,让业主明白装修管理的相关规定。一般的室内外装修管理规定如下:

一、室内部分

1. 严禁拆改原房屋的墙、柱、梁、楼板、楼梯等主体结构部件,允许对住宅楼地面、内墙面、顶棚进行表面装修。

2. 不得凿除地面和房顶的水泥层,不得随意凿动卫生间地面,有防水层的不得破坏原有防水层。严禁将没有防水要求的房屋或阳台改为卫生间、厨房,乱接水管,乱改电路,若改动出现问题由业主负责。

3. 严禁改变房屋配套设施的使用功能,严禁乱改动房屋原有门、窗。扩大承重墙上原有的门窗尺寸,拆除连接阳台的砖、混凝土墙体。楼面装修设计荷载不得大于 150 kN。

4. 在封包和拆改水电路改管线及配套设施时,业主必须监督装修施工企业按规定在重点部位(如:厨房、卫生间有存水弯处)必须预留检查孔(不小于 30 cm × 30 cm),并方便

拆卸。否则,物业在维修时发生的损坏由业主自负。

5. 需改动卫生间、厨房间防水层的,应当按照防水标准制定施工方案,并报物管公司备案同意,并做闭水试验。改动过的卫生间、厨房防水,物管处不负责维修处理。

6. 严禁在房屋内安装动力设备。严格遵守施工安全操作规程,不得擅自动用明火和进行焊接工作,保证作业人员和周围住房及财产的安全。

7. 严禁私拉乱接偷用水电,不得擅自使用380伏三相电,线路安装必须接地,并做好绝缘处理。

二、室外部分

1. 不得改动外墙、窗户及门的样式、规格和颜色,不得在阳台上私搭乱建,不得在外窗安装防盗笼、晒衣架、遮雨棚,如需安装防护栏,须在物业管理公司指导下在室内安装,以保持整个小区房屋外观的统一。

2. 未经物管部批准,不得擅自封闭露台。

3. 未经物管部批准,业主不得私自上楼顶安装太阳能及其他设备。

4. 业主需要装饰外墙的(如做门头、广告牌等),必须在物业公司的指导下装修。

5. 未经申报、同意,不得私自接驳和移动电源线路。

思考练习

简答题

装修管理服务中有哪些常见问题?该如何处理?

单元要点归纳

二次装修是物业管理服务活动的一个重要阶段，做好物业装修管理对于保证物业管理水平、维护业主共同利益有着重要的作用，本单元内容根据住宅装饰装修管理办法等法规及物业装修管理的实践，对装修管理的重点、内容、流程及操作细节进行了讲解。

一、业主准备

1. 业主办理装修，装修单位需提供营业执照复印件（加盖公章）、承建资格证书复印件（加盖公章）；如代收装修税费的需提供顾客与装修单位签订的装修合同复印件。非业主使用人申请装修需提供业主同意装修的书面证书。

2. 装修施工图纸和施工方案（如更改原有水电线路需提供水电线路图）。

3. 装修单位负责人身份证复印件、照片、联系电话。

4. 施工人员身份证复印件、照片。

5. 如需改变建筑物主体或承重结构、超过设计标准或规范增加楼面荷载的，须提交建筑物原设计单位或具有相应资质的设计单位提出的设计方案，非住宅用途房屋还须提交政府部门的施工许可证。

6. 如搭建建筑物、改变住宅外力面等，须经城市规划行政主管部门批准后，报管理处备案，并经业主大会/业主委员会同意，有管理处统一样式方可搭建。

7. 只铺地板、墙壁表面粉刷、贴墙纸等的简单装修，装修户可不提供装修单位《承建资格证书》及施工图纸。

二、装修手续办理

1. 由部门负责人指定专人核实业主身份，审核装修方案、施工人员身份、特种作业证书、装修资质证明、施工时间（最长不超过三个月），并做出批复。施工时间如超过三个月，需向管理处重新办理申请手续。

2. 装修管理员将批复意见知会装修申请人，并知会管理处其他有关部门配合和监督，建立装修管理档案。

3. 管理处与业主、装修单位三方签订《装修管理服务协议书》，业主与装修单位分别交纳装修保证金及相关费用。

4. 办理《装修许可证》、《人员临时出入卡》。

三、装修过程的监控

1. 安全员每天巡查至少一次，技术员至少每两天巡查一次装修现场，并填写《装修现场监控记录表》。

2. 巡查《装修许可证》的有效期，装修现场是否有乱接线、乱改管线、破坏承重结构、使用易燃材料装修等违章行为。如有违章行为，下发《违章通知书》，并责令限期整改。

3. 监督施工人员只能使用货梯、按指定的通道进出及搬运材料。

四、装修垃圾的清运

1. 垃圾的清运在晚上 19 ~ 22 点之间进行。

2. 禁止装修队在清运车辆进场前将垃圾搬出户外。

3. 禁止装修垃圾堆放占用和堵塞消防通道。

4. 垃圾清运完后，检查清运垃圾的通道墙面、地面、天花及公共设施有无损坏、磨花现象，发现问题及时处理。

五、装修复验

业主向管理处提出检查申请，管理处装修负责人对装修工程检查，经检查无违章情况，出具检查证明，准予退还装修保证金。

六、退装修保证金

1. 装修检查合格 7 个工作日后退还装修保证金。

2. 装修检查无违章行为，业主与装修队凭检查证明和装修保证金单据退还装修保证金。装修保证金退还的具体时间需在《装修管理服务协议书》里约定。

3. 将所有施工人员出入证收回并作废。

第五单元　物业档案管理

单元概述

档案来源于文件，文件使用完毕或办理完毕后经过整理保存形成档案。物业档案是指国家机构、社会组织和个人从事物业管理活动时直接形成的对国家和社会有价值的各种文字、图表、声像等不同形式的历史记录。

物业服务管理工作形成的文件主要有两部分：一部分是物业服务企业日常运作形成的普通管理文件，包括行政管理文件、人事管理文件、财务管理文件等；另一部分是物业服务管理实际操作接收和形成的多种专业性文件，包括管理验收时接收房屋的建筑工程资料、设备和产权资料。常规物业管理过程中形成的专业性文件包括业主入住后不断形成并补充的业主资料，常规物业管理过程中形成的物业维修文件、物业租赁文件和管理服务文件，物业服务企业开办多种经营活动形成的经营管理文件等，这些文件完成了现行功能之后，就过渡为物业档案。

单元目标

- 通过对物业档案管理的学习，掌握物业管理的基本概念
- 学会收集、积累、管理、保管业主服务档案材料
- 学会管理物业档案
- 能用计算机管理物业档案

学习任务1 业主档案管理

任务概述

物业管理中档案的内容既不是编写的，也不是任意搜集的，更不是虚造的，它是整个物业管理活动的真迹，记录和反映了物业服务管理活动的状况和发展情况，具有重要的参考和凭证作用。比如，一个业主连续3年未缴物业费，物业公司准备依法起诉这位业主，这3年来给这位业主家的《维修工单》就可以当作起诉凭证，《维修工单》上明确记录维修日期，处理过程和结果，还有业主的签字，这是宝贵的一手资料。

任务目标

- 会进行业主档案的分类
- 能掌握业主服务档案的形成范围
- 能学会业主服务档案资料的收集、积累
- 学会管理、保管业主档案

学习内容

案例描述

借助业主档案，化解一场纠纷

某住宅小区出现了保安与物业争执的场面。经了解，原来是区内F座303房的租户陈先生要搬出部分家具，但又没有得到业主的书面许可。保安不让他将家居搬出，但陈先生称其有急事一定要搬出一部分家具，他联系过业主马先生，但马先生的电话一直处于关机的状态，所以未拿到书面许可。这时保安联系了客服中心的小张，让小张帮忙联系马先生，小张马上查找《业主信息登记簿》，仍是无法接通，于是小张又翻查了《业主紧急联系电话一览表》，查到了马太太的紧急联系方式。一拨过去，接通了！陈先生与保安争执的问题迎刃而解。

案例分析

物业档案的管理是物业服务管理的基础工作，是衡量物业服务水平高低的标志，也是左右物业服务企业内部运作是否流畅、有效的基本环节。

一、物业档案的分类

根据档案资料的不同内容，大致可以将物业档案分成业主档案、工程技术档案、服务档案和其他管理档案等。

1. 业主档案

业主档案是在业主入住阶段所建立和形成的与业主实际情况相符的档案资料。一般包括购房合同、业主的身份证复印件、入住通知单、入住手续书、管理规约、验房单、业主个人情况登记表、家庭成员登记表及业主的房屋维修档案。

2. 工程技术档案

工程技术档案是在房产建设、租售、管理过程中，与房产开发商或物业管理权移交方就工程建设产权及工程技术等方面形成的原始信息，它不仅包括房产前期开发中的建筑许可证、建筑施工图、各项工程竣工验收资料、交接资料等信息，而且还包括物业投入使用后的接管基建项目、设备档案以及租售合同等。

3. 服务档案

服务档案是物业管理机构在日常管理中建立和收集的房屋维修档案、设备运行档案、住户接待档案等资料以及其他的相关资料。这些实务性的档案汇总形成档案管理制度的基础内容，其档案的管理也越来越受到关注，特别是对于与服务对象的接触中可能产生的记录，比如，住户接待记录、纠纷处理记录等服务内容的这类档案。

4. 其他管理档案

其他管理档案一般是指在物业管理过程中具有管理指导性、行政性的文件资料和内部流转、传递的文字材料，主要是职业管理部门在日常管理中需要收集和整理的一类档案。通常由上级主管部门的有关指令、信息、企业质量手册、程序文件等。

在物业客服中心，业主档案和与客户服务工作密切相关的服务档案是我们需要收集、管理、并经常查用的档案资料。

二、业主服务档案的形成范围

物业服务企业的管理对象是房屋，服务的是业主，业主是房产的所有权人，所有关于房屋的问题，都由业主说了算。因此，物业服务管理工作很多时候都需要与业主打交道，业主的资料是公司最重要的客户资料。业主服务档案的形成范围包括以下几个方面：

1. 针对业主需要收集的文件材料

每户业主及家庭成员的基本情况；业主入住凭证及商品房销售合同（房屋、车库）；物业公司与业主签订的合同、管理规约；房屋维修、维修有关材料；业主各种缴费、权属变更材料；与业主有关的其他材料。

2. 针对使用人需要收集的文件材料

每户使用人及家庭成员的基本情况；业主与使用人签订的租赁合同的复印件；物业公司与使用人签订的合同、管理规约；房屋装修、维修有关材料；使用人缴纳各种费用的凭证；与使用人有关的其他材料。

3. 前来探访业主和使用人的外来人员材料

管理制度严格的物业服务公司会对外来人员做好来访登记工作。《访客记录簿》是物业公司需要保存的档案之一，如果事后发现有什么情况，可以通过翻查来访登记来核对或寻找证据。

4. 业主大会和业主委员会的文件资料

业主大会和业主委员会档案是物业产权人大会及其委员会在行使权利、义务等自我管理活动中形成的各种文字、图表、声像等文件材料。业主委员会是代表业主行使权力的机构。物业服务中有不少工作都需要得到业委会的许可。随着业委会工作的开展，会形成不少的书面文件材料，包括：①业主大会和业主委员会召开会议形成的文件材料；②业主大会和业主委员会采用招投标选聘物业服务企业形成的文件材料；③业主大会和业主委员会综合管理形成的文件材料。

需要注意的是，业主大会和业主委员会形成的档案属于物业产权人及使用人共同所有，他们具有永久保管的权利与义务，由业主委员会建立、保管、利用。在不具备条件的情况下，可委托物业服务企业代为建立、保管和利用。待有条件时，返还业主委员会管理。

三、业主服务档案材料的收集和积累

要做好业主的档案管理工作，首先必须有档案可管。物业公司手上的档案来源于日常工作中的收集、积累。

1. 业主档案的收集

(1)业主档案收集工作的注意事项

档案的收集、积累工作直接影响到档案的完整性、准确性、系统性。所以，在进行档案收集这一工作时需要注意以下几个方面：

①使用标准化的工作手续和程序，记录好每个工作环节。业主档案产生于物业服务工作的每一个环节当中，每一道手续和程序都产生相应的记录。

档案具有原始记录性，它是物业服务过程中自然产生的，在工作中必须随时做好记录。某些工作中没有记录下来的数据材料是无法补救的。

②使用规范、适宜长期保存的载体材料。文件的载体材料主要有纸张、照片和音响材料(含光盘)，文件的记录材料主要有油墨、墨汁、墨水、墨水笔、油墨、印台油、印泥、复写纸、铅笔、圆珠笔、感光材料、磁性材料等。档案就制成材料来说，它要有标准规范的档案实体，就必须要求在物业服务过程中使用标准化的载体材料。例如，除对外张贴使用的广告、布告或特定的合同书、协定外，印制文件或作文字记录都应按国家公文格式和归档规定，选用16开纸，录音、录像用的录音带、录像带，计算机使用的磁盘都应符合国家或国际

标准。

③使用科学的记录材料、记录手段、记录技术。文件材料转变为物业材料时,其所记录的内容不能修改和删节。这就是说,文件材料的内容记录时是什么,档案内容就是什么。保存档案的目的是提供利用,要使保存起来的档案标准规范、便于利用。

(2)业主档案收集的三个阶段

业主档案是在业主的日常生活中所做过的对物业服务有价值的事情的历史记录。对于物业公司来说,通过做好业主档案搜集,可以掌握业主的职业背景、社会阶层,这对深入了解区内居民、为业主提供最合适的服务、对开展物业工作有着重要的意义。业主档案的收集是个长期的过程,从时间上可以分为三个阶段:

①早期介入——了解。在早期介入时,物业公司开始着手制定物业方案,虽然此阶段还未和业主打交道,但物业公司可以通过房地产开发商在预售商品房时所签订的购房合同了解其中一部分业主。此外,还可以通过了解楼盘的位置、档次、目标市场来初步掌握业主的层次,并以此为依据定制合适的物业服务方案。

②业主收楼时——收集。新建房屋交楼之日,业主前来办理收楼手续。这时,物业公司应让业主填写《业主资料登记表》,把即将住入小区的业主的资料都收集好。经过收楼这个工作程序,物业公司对未来的服务对象有更深一步的了解。

③日常生活中——收集。一家制度完善的物业公司不会满足于收楼时所收集到的最基本的业主资料。在日常的服务工作中也会有不少收集业主档案的机会。在日常生活中收集的档案最常见的就是业主报修的维修单。

2. 业主档案的积累要求

业主档案在积累时应注意以下几点:

(1)积累范围要求符合业主档案的归档范围,切忌在工作中把有关和无关的材料都随意堆放在一起。

(2)在积累过程中,尽可能保留档案正文和原件。在现实工作中有可能会遇到无法保存原件的情况,这时就应该保存复印件并注明其出处。

(3)积累的档案一定要进行登记,供有关人员使用时,要有借用手续,并严格执行有关规章制度。

四、业主服务档案的管理

1. 档案的预立卷

预立卷是根据所属档案的类别分类整理,然后编目装订,初步成卷,形成档案的雏形。

(1)整理分类

整理分类是建立物业类档案的基础工作,是由物业服务企业将收集的资料按四类常见档案的类型区分、归类整理,组成物业服务企业内部所需保存的档案,按照部门、内容、年度顺序整理成为物业服务企业所需的大类卷宗。同时根据所售或所租物业的特点,按一户一档的办法,为每位业主或租户建立相应的档案。每售出或租出一套物业,预立卷工作同步进行,卷宗与一户一档整理归类也同步开展。可以根据业主或租户所有或使用(租用)的一栋物业的性质、特点,将总卷内部分涉及的相关资料集中,然后分别建立相应的档案。

(2)编目装订

编目装订一般分为四个步骤,即编页号、编卷内目录、填写卷内备考表、编制案卷软封面和装订。

编页号:卷内文件按作者、内容、时间等特征交叉归类、编页号,顺序以“001”开始,每个保管单位独立编号。逢有缺漏,编页号时可在原编码后加“-1”“_1”等给予标示,并在备考表中加以说明。页号编写位置,左侧装订的,正面标在右上角,反面标在左上角,全部编在预案为文件上,不可编在裱糊的白纸上。

卷内目录按国标卷内目录格式编制,一式三份,一份放在卷内文件首页之前;一份装订成册,成为索引目录,作为索引、查找工具;另外一份移交目录。卷内目录样式及填写说明见表5-1。

表5-1　卷内文件目录

卷内文件目录					
序号(按文件的排列顺序,每份文件编一个顺序)	文本(文件本身的文号)	责任人	题名(按文件的标题)	日期(每份文件的时间页面)	备注

卷内备考表的填写:备考表用于填写卷内文件材料的件数、页次以及组卷和案卷使用过程中需要说明的情况,如卷内文件缺损、修改、书写材料不规范等。如果暂时没有情况需要说明的,也要放一张备考表在卷末,以供日后档案部门记述案卷情况之用。卷内备考表样式见表5-2。

表5-2　卷内备考表

(本卷需要说明的内容) 立卷人________ 检查人________ 立卷日期________

卷宗封面的编制:案卷封面通常需要标注的内容包括案卷题名(一般格式为:××路××号××室产权人、内容文种)、编制单位、编制日期(即卷内文件的起止日期)、档案标号、保管期限(永久、长期、短期)、密级程度。

(3)平时归卷

物业服务企业初步完成上述组卷工作后,若已完成一项内容的全部预立卷工作,就可将完成的卷宗先行移交给档案中心,由其统一立卷,这样可减轻年度组合案卷的工作量;若未完成组卷工作,除了要将不足的资料收集齐全以补充卷宗内容外,还要对已组卷的内容定期检查,对归卷不准确的要纠正,甚至可对原设定的、不符合实际的立卷类目酌情进行修改或增补。一般每个档案组卷完毕,半年后按归档要求全部整理结束,移交档案室。至此,业务部门的档案预立卷工作基本完成。之后,便由企业的档案中心统一立卷归档。

2. 立卷归档管理

立卷归档,也就是由业务部门将预立卷后的卷宗或案卷移交档案部门,由档案部门在原基础上,进行重审、调整、组合,并施行正式立卷步骤,最后成卷归档。

(1)重审、调整、组合案卷

对由文书处理部门或业务部门预立卷后移交的卷宗,物业服务企业档案中心还须进行一番调整、组合和编目加工等整理工作,才能最后成为正式的案卷。

(2)案卷软封面的编制

调整后的案卷,应重新编制封面,其包含的内容与预立卷时编制的卷宗封面内容相同,但应根据调整后案卷的具体内容、相关问题拟写标题和确定其他项。

(3)检索工具

对完成立卷步骤的案卷,档案部门应通过编制并利用检索工具,使得整个归档管理工作有序、高效。在日常管理中,一般可通过建立索引目录,建立标准的图、档、卡、册、表并利用计算机等多种途径进行检索。检索工具要便于使用者或档案管理员查找时从相应的目录或图、档、卡、册、表中着手找到相关的资料。

(4)排列上架

将立卷后的案卷排列上架,要维持调整、组合后的系统性和相互联系性。物业服务企业根据所管档案的特点,排架时常采用流水排架法,即按物业所属小区、楼栋先后顺序排架,依次按小区、楼栋、单元、门牌号依序排列。此外,物业档案排架完毕后,还应对各种装具进行编号,以揭示排放档案的内容,同时还要编制档案装具及其存放内容的索引图。

(5)入库保管

档案接收入库后,由档案管理人员统一保管。

3. 档案的使用

档案室应避免无关人员任意进出,钥匙由档案管理人员保管。资料的查阅,可通过实地查找、电话、电脑查询实现。但对原始资料,应严格控制查阅,并按档案的不同密级由相关负责人批准方可借阅,同时还需办理借阅手续。

五、业主档案的更新

在工作中，常常会遇到变化的情况。例如，房屋使用人的更换、业主手机号码的更换等。物业公司应及时更新业主档案，避免出现发生紧急情况时联系不到业主的现象。在现实操作中，一些物业公司每隔一段时间就会发放《业主资料更新登记表》，更换已过时的资料，以保证能够更及时、更好地为业主提供服务。

六、业主档案保管

档案保管工作，是采用一定的技术设备、措施和方法，对档案实行科学保管保护，防止和减少档案的自然或人为损毁的工作。档案保管工作在物业的档案管理工作中处于特殊地位，具有十分重要的意义。

1. 档案保管工作的意义

(1)延长档案寿命

档案保管工作是延长档案的寿命，维护历史真实面貌的根本保证。业主档案是业主历史活动的真实记录，是物业服务档案的一部分。由于种种因素的作用和影响，档案处在不断老化、蜕变和损坏的过程之中，直至最后消失。只有加强档案保管工作，采取一切科学技术措施和方法，有效地防止和减少档案的自然和人为损坏，才能最大限度地延长档案的寿命，保证档案的完整与安全，更好地维护物业工作的历史真实面貌。

(2)保证正常保管

档案保管工作是档案业务工作的关键性环节，对整个档案工作具有重大影响，在一定条件下甚至有决定性影响。

2. 档案保管工作的基本原则

(1)分类管理

物业档案管理机构对各部门移交的档案应分类进行保管，要保持档案文件的有机联系，做到档案存放条理化、排列系统化、保管科学化，便于档案的调阅提还，并有利于物业档案的保护管理。

(2)以保护为宗旨，以利用为目的

物业公司档案室的工作可概括为“管好”和“用好”两项。档案保管工作应在保护措施、制度、方法和具体处理各方面，做到既能保护档案不受损害，以利于延长档案的寿命和长远的利用，又能积极创造条件，保证当前利用的需要。

目前，很多物业公司都采用计算机技术和缩微技术将档案信息录入数据库或将档案原件拍成缩微平片后提供给用户使用，这样既有效保护了档案实体，延长了档案寿命，又方便利用，真正实现了“保管是为了利用”的目的。

(3)以防为主，防治结合

档案管理中最为忧患的是火、水、盗、虫、毒“五害”。对这“五害”，必须以预防为主，防治结合。特别是前“三害”，一旦事发，损失将无法挽回，尤应预防。在防、治两方面，防是关键，是主导方面。从总体上讲，以防为主，“防患于未然”，是积极主动的治本方法。

3. 设立专用的档案库

设立具备相当容量和适宜条件的库房，是档案保管工作的首要物质条件。根据保管档案的特点和档案库房的合理要求，选择档案库房要注意坚固耐用、经济美观、能够抗震、保温、隔热、防潮、防虫、防霉、防尘、防光、防盗、防鼠。

4. 档案装具

档案装具是保管档案必需的基本设备，主要有档案柜、档案箱、档案架等，一般有铁制、木制两种。铁制的防火、耐久，便于机械加工，可做成组合构件，有可调节性和机动性，便于运输、组装、使用，但造价较高。档案装具种类很多，各有所长，应按库房特点、档案价值及规格的不同，合理使用，灵活配置。

5. 档案的排列次序和方法

装具在库内的编排次序，应根据库房的形状、装具的排放方式而定。无论是固定式柜架还是活动式柜架，其编排次序一般是：人站在库内的主通道上，面对各排行的柜架，左起第一排为首排，右起第一排为末排。

卷宗内各类档案的排放要保持相互之间的联系，按照分类方案逐类排列。每类档案排完后预留一定的空间。

档案在柜架上的排放次序，应先左后右，先上后下。对于一个柜架来说，起始案卷号在架的左上角，终止案卷在架的右下角。一个排面的档案排放满后，转到背面的柜架，仍是按前一排面的方式、次序排列。

档案在装具内不应放得过挤，以免给提取和存放带来困难，并因此造成卷皮和卷盒的损伤。此外，每一类项的排尾，要预留一定数量的装具空间，以备以后档案的增加、修复或改装卷盒卷皮时的体积增大。

6. 档案存放位置索引

为了便于保管和利于工作人员全面掌握档案的存放情况，迅速地提还档案，物业档案分库分类排好之后，应该编制《档案存放位置索引》。索引依其作用分为两种：

第一，指明档案存放位置，以档案类项为单位，标明存放处所。

第二，指明各档案库房保存档案情况，以档案和档案架（柜）为单位，表明所存放的是何种档案。

7. 档案安全检查

定期和不定期地对档案进行安全检查，是档案管理工作中的一项重要内容，是维护档案安全和完整的一项重要措施。

（1）检查的内容和目的

主要从三个方面进行检查：一是从安全方面出发，检查档案有无被盗、被损和泄密等情况，及时发现不安全的因素，以便采取有效措施，确保档案的安全；二是从保护技术方面检查，看档案有无发黄变脆、字迹褪色、虫霉感染、潮湿粘连等自然损毁现象，以便采取相应措施，积极防治；三是从档案管理方面检查档案是否缺少、案卷是否错位。并应检查库房是否进水、门窗是否牢固、消防设备是否齐全、有无异常变化等情况，以便分析原因，改进工作，加强管理，防止意外事故的发生。

(2)检查的方式和方法

定期检查一般一年或两年一次,按档案目录逐卷检查。不定期检查一般在库房发生水或火灾害,档案被盗或怀疑被盗,发现虫蛀、鼠咬和霉烂等现象,以及档案保管人员调换工作等情况时进行。可先局部检查,发现问题再全面检查。检查时必须做检查记录,以一级类目为单位进行。检查后应写出检查报告,内容包括检查工作的组织、人员,检查时间,进行情况,发现问题,以及妥善处理发现问题和改进工作的意见。

拓展提高

物业信息化对管理的重要性

在这个信息化飞速发展的时代,我们生活的点点滴滴都与信息化分不开。企业的发展也离不开信息化,信息化的发展是企业发展的关键因素。信息化由以下几个特点:资源整合共享,规范化办公,降低组织运作成本,提高企业竞争力。

物业行业是近年来新兴的朝阳产业,从最初的房管所模式管理到现在的正规化物业,物业行业也在适应着时代的发展。物业信息化的发展也在逐步扩大,从不认知到认知,从尝试到发展。在不久的将来,物业信息化的全面发展会给物业行业带来飞速的发展。

在网络时代飞速发展的今天,互联网的重要性无可替代,物业软件也是如此,需要充分利用网络资源。物业行业的特点是工作内容复杂零散,那么,将复杂而零散的工作捏和在一起并形成有机的监督机制,无论是对管理层还是操作层,都是非常有必要的。一个成熟的物业软件首先应该具有简洁明了的操作平台;并且软件的集成性要高,也就是要把涉及的所有模块都有机地联系在一起,这其中可以包括内部系统模块、外部管网系统模块、OA 办公模块等。

此外,信息化还包括实现收费管理、预算管理、固定资产、外包管理、决策支持等。

思考练习

1. 物业档案是如何分类的?
2. 业主服务档案的形成范围有哪些?
3. 怎样收集业主档案并对档案进行管理?
4. 业主档案怎样保管?

学习任务2 物业档案管理

任务概述

物业服务企业的档案除与业主相关的资料以及业主在日常生活中形成的档案外，还有大量的由物业服务企业日常运作所形成的文件材料。它是随着物业管理行为的出现而产生的。物业管理工作正式开展后，几乎每一个环节都离不开档案，无论是维修，养护物业设施，还是了解物业的使用情况，或是收取管理费用、开展经营活动等，都要用到物业档案。例如，某业主在收楼后准备装修房屋，由于装修方案包括改动原房屋的间隔、原来的电线布置，所以他必须先了解原房屋哪些墙是承重墙，哪些是间隔墙，还要了解原房屋的电路布线位置。这些需要了解的信息都记载在房屋的各种图纸中，属于物业档案的一部分。如果物业档案管理不好，甚至没有整理，那么，要了解必要的信息就需要到其他有可能保存这些资料的地方去找，甚至会需要重新测量，这就造成了不必要的浪费。

任务目标

- 通过物业档案的管理，能掌握物业档案管理的技能
- 会进行物业档案管理

学习内容

一、物业档案的含义及作用

物业档案是指物业服务企业在物业管理区域内进行物业管理活动中形成的具有查考、保存价值的各种文字、图表、声像等各种形式的历史记录。

物业档案是物业服务中维修养护、更新改造所必不可少的重要依据，是物业服务企业提高工作效率、更好地为客户服务的保证。日新月异的科学技术发展和人们对居住需求的不断提高，使现代建筑工程进入地下和埋入建筑体内部的管线、设施越来越复杂。这些工程一旦发生故障，物业本身的档案就是宝贵的财富。它可以使物业的维修、养护工作事半功倍，省时省力并减少对住户的影响。因此，开发建设单位应该将开发建设的物业档案材料在物业移交时同时移交给物业管理单位；更换物业管理单位时，原物业管理单位也应该将物业开发建设的档案材料和在物业管理中维修养护、更新改造的物业档案材料向新的物业管理单位移交。

二、物业档案归档要求

1. 归档的文件材料必须准确地反映物业管理各项工作的真实情况，符合其形成规律，保持文件材料之间有机联系，并做到齐全完整。

2. 归档文件应做到字迹清楚，图表清晰，签署印章完备，以原件为主。

3. 归档文件材料整理完毕后档案部门保管一年后整理归档。

三、物业档案归档时间

1. 各项管理方面的文件材料，在形成的第二年六月底之前整理归档。

2. 基本建设工程方面的文件材料，开发建设单位在项目竣工验收后 30 日内，应向前期物业管理企业移交。

3. 设备仪器及维修等方面的文字材料，在维修任务完成后进行整理归档。

4. 会计材料有财会部门保管一年后整理归档。

5. 音响材料在摄录完毕后整理归档。

四、物业档案归档的范围

1. 综合管理形成的文件材料

如：各种文件、合同、制度及人员等材料

2. 物业管理区域内各种建筑物及公共场地基本建设、维修图文材料

（1）房屋基本建设图文材料。包括物业管理区域内各种住宅房屋、办公房屋、商用房屋，以及为其服务的锅炉房、水泵房、供电房、操作间、设备间等各种房屋的各种竣工图纸和文字材料。

（2）公共场所基本建设图文材料。公共场所是指全体物业产权共有并为业主服务的场地，包括休闲广场、文体娱乐场所、小区通道、花园草坪、绿化场地、停车场地等。公共场所文件材料主要包括图纸和文字说明等。

（3）房屋与公共场所维修图文材料。包括房屋大、中、小修、零修、急修的报告，审批材料、维修计划、材料计划、预算决算等材料；维修过程中的记录材料，包括各类责任人、维修设计方案及图纸、检查验收记录、问访记录等；公共场地维修情况、利用情况的文字材料及图纸。

3. 公用设备仪器、维修图文材料

（1）公用设备仪器图文材料。公用设备仪器的文件材料主要有：设备的开箱验收证明书、验收单、设备仪器安装说明、使用说明、产品合格证书、产品原理图、系统路线图、配件、备件图册及随机材料；设备仪器安装、调试和验收形成的安装任务书、试车记录、安装调试验收单、安装基础竣工图、安装验收移交单等图文材料。

（2）设备仪器维修文件材料。设备仪器运转情况记录、维修计划、维修记录、更换易损件图册、外购备件明细表、修理完工通知单、质量检查记录、事故报告单及处理结果、设备仪器改装及报废形成的文件材料。

4. 财会管理方面形成的文件材料

包括各种凭证、账簿、年度预决报表、计划审批、会计档案移交、保管、销毁清册等材料。

5. 各种实物档案

如表彰的各类奖杯、奖状、奖牌(匾)、锦旗、证书等;反映企业精神标识、徽章等实物;其他具有保存价值和纪念意义的实物;各级领导及知名人士的题词、题字、贵宾签到簿等。

6. 音像档案

各类有保存价值的音像材料。

五、物业档案的收集、积累

物业档案的收集、积累是个长期的连续的过程,从时间上可以分为以下三个阶段:

1. 前期介入时收集

物业档案的收集、积累应该在前期介入时开始进行。在施工监理阶段,物业公司可以对建设单位的施工质量进行监督,熟悉施工所使用的材料,了解物业内部结构、管理布置等,为日后的管理工作做好准备。

2. 在接管验收时收集

接管验收时,开发商会将物业服务区内各种建筑物及公共场地基本建设、维修文件材料与公用设备仪器、维修文件材料等物业档案移交给物业公司。物业公司的工程维修人员可以通过这些图纸、文字材料了解服务区域。物业的接管验收材料包括:

(1)房产资料。包括房屋、设备及附着物清单、清册及表格。

(2)技术资料。包括竣工图、地质勘查报告、工程预决算书、图纸会审记录、竣工验收证明书、总平面图、房屋及设备使用技术资料。

(3)接管资料。包括验收合格凭证、物业完好情况、接收文件。

3. 在公司的日常运作中收集

物业档案产生于物业公司正式开展工作后的各工作环节的每个运作过程,每一环节都产生相应的文件材料;物业维修档案;物业行政、党群工作档案;物业经营管理档案;物业财务管理档案;物业人员管理档案;物业设备仪器管理档案;物业公司或个人参加各种活动的档案。

随着社会的发展,在每一个企业中,人员的流动如辞职、退休,都属常见的现象。为了保证每个企业的业务都能持续顺利开展,不会因人员的变更而受到影响,做好档案管理工作显得尤为重要。后任工作人员可以通过翻查档案了解前任工作人员所做过的工作。

六、物业档案管理

档案要开展查找利用的前提就是要做好整理工作。档案整理工作的意义和整理的程序步骤在上一节中已经详细叙述,这里着重介绍一下物业档案的分类方法。

1. 物业档案分类的一般方法

(1)年度分类法或年代分类法。它是按照档案形成的不同年代进行分类。一个立档单位，大都存在若干年的时间，每年都会形成一定数量的档案，因此，年度分类法自然成为档案分类的常用方法。

（2）组织机关分类法。它是根据承办单位进行分类，也就是按照立档单位的内部组织机关将卷宗内所有档案分成若干个类别。

（3）问题分类法。它是按照档案内容所说明的问题将卷宗内的档案划分为若干类别，是经常采用的方法。这种方法能较好地保持文件之间在内容上的联系，便于按专题查找和利用。

在实际工作中，只采用一种分类方法是比较少见的，多数情况下会采用复式的分类法，即两种分类法结合在一起使用。档案管理人员可根据实际工作的需要灵活使用。在物业服务企业中较常用的是以下两种分类法：

第一，年度—职能部门分类法。这种方法是先按年度对档案进行类别的划分，然后在每个年度下再按公司内部的职能部门分类。此方法较适用于公司内部职能部门容易发生变化的企业。

第二，职能部门—年度分类法。这种方法是先对档案按职能部门分类，然后在每个职能部门下再按年度分类。

2. 物业档案的立卷

立卷，又可称为组卷，是指将已丧失现行效用、但仍具有一定查考保存价值的文件依其内在联系和一定的规律分门别类组合成案卷。各类档案的立卷都要遵循物业档案文件材料的形成规律，保持案卷内文件材料的有机联系，并要便于保管和利用。物业管理专门档案立卷主要包括：

（1）修缮档案。以房屋单元为立卷单位，即将在一段时期内同一单元的修缮材料组成一卷。修缮档案案卷内文件材料的排列同样按结论性材料在前，依据性材料在后；译文在前，原文附后；文字材料在前，图样在后的原则进行。

（2）物业房产档案。以小区或管理处为立卷单位。

（3）设备、仪器档案。以一种或一套设备、仪器为立卷单位。设备、仪器档案按依据性材料设备、仪器开箱验收设备、仪器安装调试设备、仪器运行维修随机图样排列。随机图样也可单独立卷。

（4）基建档案。以一个项目或一项工程为立卷单位。基建档案按依据性材料、基础性材料、工程设计（含初步设计、技术设计、施工设计）、工程施工、工程竣工、工程竣工验收排列。

（5）科研档案。以科研课题为立卷单位。科研档案按课题立项阶段、准备阶段、研究试验阶段、总结定向阶段、成果申报奖励阶段、推广应用阶段排列。

（6）行政管理档案。行政管理档案按年度、问题、保管期限进行立卷。密不可分的文件材料应依序排列在一起，即批复在前、请示在后；正件在前、附件在后；印件在前、定稿在后；重要的法规性文件历次稿依次排列在定稿之后；决定性文件材料在前、依据性文件材料在后。

（7）经营管理档案、党群工作档案。同行政管理档案。

(8)声像档案。对这部分档案立卷时,应先将不同载体形式的档案分开,同一载体形式的档案根据实际情况按专题进行分类后再立卷:

①照片。以张为单位立卷。照片的底片应单独整理与存放,照片的说明一同整理和存放。一般应以照片的自然张为单位编写说明,一组联系密切的照片应加总说明。

②录音、录像带、计算机磁盘,以盒为单位立卷。如果同一内容分录了数盒,应统一用一个案卷号,每盒再编案卷分号。

③缩微胶片。以卷为单位立卷。

以上各卷的排列按时间先后进行。

(9)人员档案。以个人立卷单位。卷内文件材料的排列先按材料类别再按形成时间先后进行。

(10)会计档案。会计档案按“形式—年度—保管”进行立卷。

3. 物业档案案卷目录的编制

(1)行政管理档案、党群档案、经营管理档案、基建档案、科技档案、设备档案、声像档案可自编制案卷分类目录。

(2)房产物业管理档案可按照二级类目编制或三级类目编制若干本案卷分类目录,如物业房产档案目录、物业服务企业租赁档案目录(物业服务企业商业租赁档案目录、物业服务企业住宅租赁档案目录)、物业服务企业修缮档案目录、物业服务企业主档案目录。

(3)会计档案按报表、账簿、凭证、工资单各自编案卷目录。

(4)已故人员档案独立编制案卷目录。

七、物业档案的保管工作

1. 档案的保管期限

物业档案保管期限分为永久、长期、短期三种保管期限。凡是反映物业管理主要活动和基本历史面貌的,具有长久保存和利用价值的,应永久保管。凡是在一定时期内,对物业管理活动具有查考利用价值的,应列为长期保管。对物业管理活动 15 年以内有一定查考作用的,可列为短期保管。凡介于两种保管期限之间的,保管期限一律从长。

2. 建立健全档案保管制度

物业档案的保管工作大体上与业主档案一致,也是要注意防盗、防损、保密。档案经常需要被翻阅,因此建立健全的制度也是必要的。例如,建立《档案利用制度》、《档案管理保密制度》、《档案库管理制度》和《档案管理员守则》等。

对于馆内外人员借阅档案,必须办理正式借阅手续,填写提调单。提调单一式两份,一份留库房存查,一份随档案送交出纳台。并应严格规定:正常情况下,档案原件不能调离档案馆(室);利用者不得在档案上做任何圈点勾画标记;阅览室内不得吸烟,阅览桌上不得放置水杯、墨水等易污染档案之物品;破损、待修的档案,一律不提供利用;有复印件、缩微品的档案,除特殊原因经批准同意者外,不再提供档案原件。

拓展提高

客户档案计算机管理

自从计算机问世以来，它以处理效率高，出错少，查找利用方便等一系列的优点得到人们的认同。今天，各行各业都运用计算机进行日常的管理工作。由于物业管理是个新兴行业，不少物业服务企业都是摸索前进的，回顾过去难免会存在一些不足之处。例如档案管理工作，不少物业服务企业都会或多或少有档案不全、管理不够规范等问题。这给查阅和使用带来了很多的不便。

现在的物业服务企业也正逐步走进计算机管理的行列。用计算机进行管理，可以使这种情况得到根本的改变。作为服务性的行业，物业服务企业平时需要处理大量的事务性工作，使用计算机协助处理，可以大大提高信息的处理效率，降低成本，减轻劳动强度，从而提高工作效率、改进管理质量和提高服务水平。

第一步，将客户进行分类。

第二步，客户信息的录入工作。

第三步，在有需要时对有关资料进行快速输出、查找。

用计算机对档案进行管理，能使物业服务工作更方便、更轻松。它为物业服务企业进行工作总结，寻找不足之处，开拓业务提供了一个很好的信息平台。

思考练习

1. 物业档案包括哪些方面？
2. 档案管理工作有哪几个工作步骤？
3. 怎样使用计算机来管理物业档案？

单元要点归纳

一、业主档案管理

1. 物业档案的分类
2. 业主服务档案的形成范围
3. 业主服务档案材料的收集和积累
(1)业主档案的收集
(2)业主档案的积累要求
4. 业主服务档案的管理
(1)档案的预立卷
(2)立卷归档管理
(3)档案的使用
5. 业主档案的更新
6. 业主档案保管
(1)档案保管工作的意义
(2)档案保管工作的基本原则
(3)设立专用的档案库
(4)档案装具
(5)档案的排列次序和方法
(6)档案存放位置索引
(7)档案安全检查

二、物业档案管理

1. 物业档案的含义及作用
2. 物业档案归档要求
3. 物业档案归档时间
4. 物业档案归档的范围
5. 物业档案的收集、积累
6. 物业档案管理
(1)物业档案管理的一般方法
(2)物业档案的立卷
(3)物业档案案卷目录的编制
7. 物业档案的保管工作

第六单元　日常业主服务管理工作

单元概述

提供便利、高效、经济的业主服务是衡量物业管理水平的重要标准，亦是提高小区业主生活质量的重要措施和保障。物业客服部的工作主要分为两大类，一类是针对业主提供的日常业主服务工作；一类是针对物业而做的日常物业管理工作。本单元主要针对这两类工作进行讲述。日常业主服务工作主要包括便民服务、业主报修处理、业主投诉处理、突发事件处理、业主回访管理、业主意见征询管理。其中，业主回访和业主意见征询既是业主意见反馈的有效途径，也是客户服务部了解业主意见、建议以及加强沟通的有效途径。日常物业管理工作主要包括环境绿化、清洁卫生、巡视、智能卡等管理。

单元目标

- 能了解日常业主服务工作的范畴
- 能按照流程处理业主报修、投诉的相关事宜，能合理应对突发事件
- 能做好业主回访、业主意见征询等管理工作
- 能按照日常物业管理工作的标准及要点进行工作

学习任务1 便民服务

任务概述

便民服务是物业公司体现业主至上，真诚为业主服务的重要一环。其目的在于为业主提供及时、方便、满意的服务，与业主建立良好的关系。在物业客户管理中，往往需要根据小区的结构、地理位置和周边的配套设施情况、业主需求调研结果，设置便捷、实用的便民服务点，持续满足广大业主的日常生活所需，切实提高业主的生活质量。

任务目标

- 能区分无偿便民服务及有偿便民服务的相关项目
- 会制定、填写便民服务的相关登记表格，能了解其工作原则及工作流程
- 通过案例分析能了解便民服务在物业客户管理中的重要性

学习内容

便民服务根据收费与否可分为无偿便民服务和有偿便民服务两种。

一、无偿便民服务

无偿便民服务是建立业主良好关系的有效方式，一般来说，不同的物业公司对业主提供的无偿便民服务会有所差异，但相同的都是为业主提供便利，体现物业公司的良好服务精神。

1. 无偿便民服务项目清单

无偿便民服务项目见表6－1。

表 6－1 **无偿便民服务项目表**

类　别	编　号	项目内容
家政服务	1	代请装修、装饰公司
	2	代请家教、介绍保姆
	3	待租售房屋、代租汽车
	4	发布气象信息、国内外新闻信息
	5	组织各种展销活动
	6	无偿配备医药急救箱
	7	代订中、西餐
	8	代订牛奶
商务活动	9	代购车船、飞机票
	10	代订报纸、杂志
	11	代办旅游手续
	12	电话留言服务
	13	代订酒店、客房
礼仪服务	14	代购代送礼品、鲜花
	15	代办喜事庆典
文明娱乐服务	16	提供图书、音像制品交流
	17	开设棋、牌活动场所
	18	开展各种健康、医疗培训
	19	组织健身舞晨练队
	20	开展球类、健身培训
老年服务	21	开展网上游戏攻关竞赛和交流会
	22	建立老年活动组织，开办老年课堂
	23	组织老年联谊活动
	24	组织健康义诊活动
24 小时热线服务	25	维修预约
	26	有偿服务查询
	27	会所娱乐场地收费查询
	28	火车到站查询
	29	飞机航班查询

2. 常见的无偿便民服务流程及登记表格

(1)代订报刊工作规程

①业主到物业公司要求帮忙代订报刊，物业服务人员应问清楚该业主需订报刊名称，

订报刊的起止日期，并在《代订报刊登记表》上做好记录。

②物业服务人员根据需要及时联系报刊单位派人来物业公司同用户签订协议。

③物业服务人员每个月的月底把《代订报刊登记表》本月所登记内容，复印一份送大堂保安岗位处，保安员可依据登记表上记录的名称同送报刊工作人员核对数量，并及时把报刊投入信箱。

（2）客户报纸杂志订阅登记（表6－2）

表6－2 客户报纸杂志订阅登记表

房 号	房 主	报 纸	期刊	订阅期限	订刊费用	备 注

制表人：________ 填表日期：________年________月________日

案例描述

婚礼保洁铺红毯、做拱门，物业一条龙服务

结婚前，有人到家里做保洁，有人布置拱门，有人铺红地毯……做这些事的不是婚庆公司，而是物业公司。

7月20日，大东区一个物业花园小区，新婚业主刘刚夫妻俩谈起结婚一个劲儿地说"没想到"。"我们结婚那天，有5对新人同时结婚，就怕出差头。"刘刚说。物业服务中心客服部主管徐芳介绍，准备结婚的业主提前到物业登记。园区共有3条双向车道，结婚时，留出一条车道作为专用车道，小区其他业主的车走另一侧。今年，最多有一天是5对新人结婚，保安4点起来安排疏导。婚车在绿色通道上停留，其他接亲车辆在另外一条车道。业主王红给记者算了一笔账，保洁300元左右，囍字、红纸、拉花、拱门等300元左右，大约节省600元的费用。

项目经理张丽英表示，今年4月份开设这项服务后，有74对新人预约服务，已经为45户业主提供了服务，"园区3000多户业主，物业费收缴率98%以上。这样做三全其美，方便了业主，便于物业管理，更拉近了与业主之间的关系。"社区书记李健华表示，这事居民们满意度挺高，事情不大，但想到了业主的心里，也帮助解决了实际困难。

案例分析

物业公司提供良好的无偿便民服务，不仅能拉近与业主的距离，在管理和收益上更能取得意想不到的效果。

二、有偿便民服务

有偿便民服务是指物业服务企业为业主提供各种日常的服务工作，并根据“保本微利、服务第一”的原则收取一定的费用。一般来说，业主的日常报修也属于便民服务的范畴，除非在保修期内，否则业主报修都要收取一定的费用。

1. 有偿便民服务的一般审批流程

（1）便民服务项目制定与论证。

（2）物业公司客服部结合辖区客户实际需求情况策划开展便民服务项目。

（3）物业公司客服部组织物业服务人员进行便民活动调查。

（4）物业公司客服部对征集到的便民服务调查表进行归纳总结，挑选出必要可行的服务项目，报公司审批。

2. 有偿便民服务的一般工作流程

有偿便民服务的一般工作流程如图 6－1 所示。

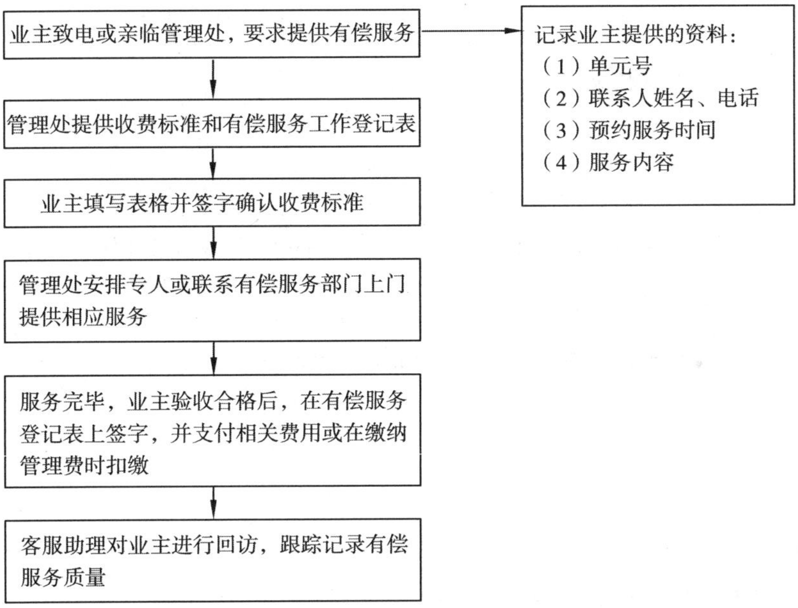

图 6－1　有偿便民服务的一般工作流程

3. 有偿便民服务的基本工作原则

优质服务原则；时效性原则；提供便民服务不影响其他客户原则；保本微利原则；社会效益与经济效益综合评价原则；严禁服务人员与客户私下结算、接受客户任何赏赐原则。

4. 有偿便民服务相关表格

（1）有偿服务工作登记见表 6－3。

表 6-3　　　　　　　　　　**有偿服务工作登记表**

<table>
<tr><td>业主单元号</td><td colspan="2"></td><td>业主姓名</td><td></td><td>联系电话</td><td></td></tr>
<tr><td>受理人</td><td colspan="2"></td><td>受理时间</td><td></td><td>服务部门</td><td></td></tr>
<tr><td>服务地点</td><td colspan="4"></td><td>业主确认</td><td></td></tr>
<tr><td colspan="7">服务项目：
记录人：</td></tr>
<tr><td>接单人</td><td colspan="4"></td><td>接单时间</td><td></td></tr>
<tr><td colspan="7">预约工作时间：　　日　　时　　分</td></tr>
<tr><td rowspan="6">服务情况记录</td><td colspan="2">服务时间</td><td colspan="4"></td></tr>
<tr><td rowspan="4">所用物料</td><td>项目</td><td>单价</td><td>数量</td><td>小计</td><td>合计服务所需费用</td></tr>
<tr><td></td><td></td><td></td><td>零件费</td><td></td></tr>
<tr><td></td><td></td><td></td><td>人工费</td><td></td></tr>
<tr><td></td><td></td><td></td><td>合　计</td><td></td></tr>
<tr><td colspan="6">完成情况：

服务员工签名/日期：　　　　部门主任签名/日期：</td></tr>
<tr><td colspan="7">业主意见用“√”表示或用文字描述</td></tr>
<tr><td rowspan="3">业主意见</td><td>很满意</td><td>满意</td><td>基本满意</td><td>不满意</td><td colspan="2" rowspan="2">签名</td></tr>
<tr><td></td><td></td><td></td><td></td></tr>
<tr><td colspan="6">其他意见：</td></tr>
</table>

（2）有偿服务工作登记明细见表 6-4。

表 6-4　　　　　　　　　　**有偿服务工作登记明细表**

序号	日期	时间	单元	业主姓名	服务种类	预约时间	接单部门	接单时间	接单人	完成时间	备注

物业公司提供的有偿便民服务，既给广大业主提供了极大的便利，也为物业公司赚取了不菲的利润，市场潜力巨大。但物业公司对有偿便民服务项目和无偿便民服务项目要有明确的界定，并以一定的方式向业主进行公示，防止双方发生矛盾。

案例描述

一把信箱锁

某小区已交付好几年了，多数信报箱的锁已经锈损。应小区业主的要求，管理处购置了一批新锁，准备替有需要的业主更换，但需收取9元的成本费。

当管理处为某业主换装了新锁并向他收取费用时，该业主很生气，表示事先对管理处换锁要收取费用并不知情，要求撤下新锁，重换旧锁，并与经办人发生了争执。

经管理处百般解释、再三道歉，该业主余怒未消，管理处只好按业主的意见撤下新锁换上旧锁，并告知业主，新锁将为其保留，随时可以替业主换上。

案例分析

1. 物管无小事，诚心最重要，一把小小的信箱锁，处理不当也会引发业主的不满情绪，降低物管在业主心目中的形象，甚至可能影响企业的品牌信誉。

2. 管理处对有偿便民服务项目和无偿便民服务项目要有明确的界定，不能随心所欲，临时决定。

3. 无偿便民服务和有偿便民服务项目及收费标准应明确告知全体业主，使业主做到心中有数。在本案中，管理处准备给业主换锁之前应该向业主公告收费事宜，并取得业主的认可后方可实施。

4. 对业主要有百般的耐心，在平时的物管服务中，要注意工作方法，以冷静科学的态度处理问题，争取业主对物管服务的支持和理解。

拓展提高

某小区交通极为便利，共有881户，目前入住率达70%以上，购房者多为成功人士，对生活质量要求较高。现阶段，小区的物业管理服务项目及经营收入单一，依靠0.9元/m^2的物业费，亏损是在所难免，而且单一的服务项目已完全不能满足小区住户的要求。通过报刊及居委会、住户的信息反馈，发现小区内家政和房屋中介类服务较为活跃，但因物业公司一直未开展此便民服务，使资源严重流失。据了解：南昌市已有多家物业公司在开拓此市场，其中较成功的项目一年有偿便民服务(含家政、房屋中介等)收入近60万元。简而言之，有偿便民服务开展的市场潜力巨大，并可作为物业行业发展的又一个突破口。

请同学们思考：怎样结合有偿服务和无偿服务，既能让业主体会物业服务，又能为物业公司广开经营创收渠道？

思考练习

一、填空题

1. 便民服务根据收费与否可分为________和________两种。

2. 有偿便民服务要根据____________的原则收取一定的费用。

二、简答题

请绘制有偿便民服务的一般工作流程图。

学习任务2 业主报修处理

任务概述

业主报修处理是物业服务管理中非常重要的一项服务。物业公司客户服务部应与工程部之间有密切的配合,对业主无论电话、口头还是书面形式的报修都给予充分的重视和及时、专业的处理,从而打造物业公司良好的企业形象。业主报修一般分为两种情况:一种是日常报修,指业主户内的报修或送水送点等服务;一种是公共报修,指入户门以外公共区域的报修。

任务目标

- 会按照业主报修处理的工作流程进行工作
- 会填写业主报修处理的相关表单
- 能按照维修人员的服务标准及时对维修服务进行回访、检验

学习内容

业主报修处理服务要求物业公司要按照一定的工作流程对业主的报修进行及时处理。物业客服人员要对业主的报修请求进行接待。一般业主报修请求可以通过电话报修、书面报修、到接待处报修以及网络服务平台报修等途径进行。

一、业主报修处理程序

业主报修处理有一个系统规范的工作流程,按规范的工作流程操作才能确保及时为业主提供优质服务。

1. 业主报修处理的一般工作流程(图 6-2)

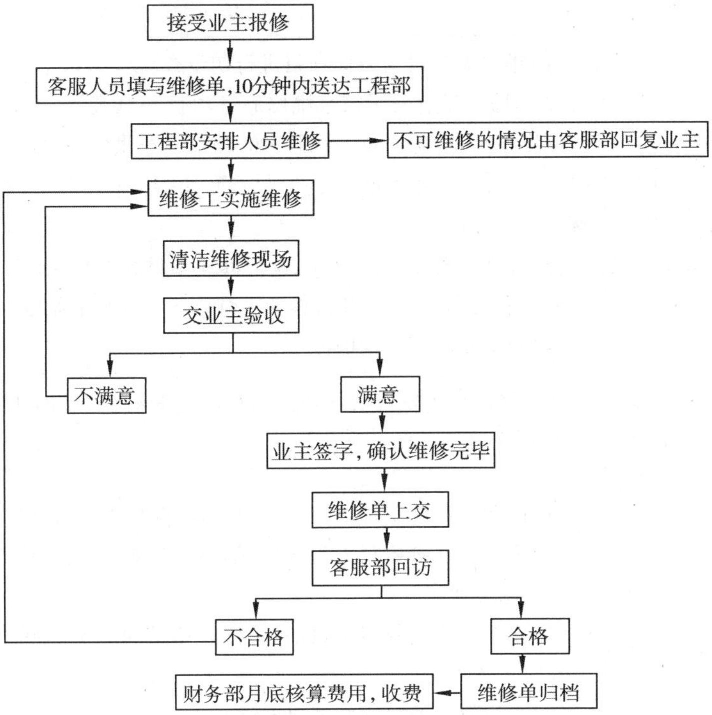

图 6-2 业主报修处理工作流程

2. 业主报修处理的具体操作规程(表 6-5)

表 6-5 业主报修处理的具体操作规程

序号	阶段		要求
1	信息处理		(1)物业客服人员接到业主电话、口头或书面维修请求,应在值班记录表上记录清楚业主维修地址、联系电话、维修内容,以及是及时维修还是预约维修 (2)如业主需要维修的项目不属于家庭维修服务项目一览表中的项目,应向业主推荐专业供应商 (3)如业主要求及时维修的,无论是否能及时修复都应及时安排人员在15分钟内赶到维修现场 (4)物业客服人员对维修服务安排后的情况应进行跟踪,确保业主委托维修服务能及时提供并保证质量
2	上门维修	按时上门	(1)维修人员接到维修任务后,应及时与业主约定上门时间 (2)如业主不在家,应填写留言条给业主,请业主与客服人员重新约定维修时间 (3)如因业主自己原因不方便及时维修的,维修人员应主动与业主预约好下一次上门服务的时间,并及时通知客服人员,以便进一步协调跟进

（续表）

序 号	阶 段		要 求
		初步沟通	（1）维修人员对需维修项目进行初步查看 （2）根据《物业公司家庭维修服务项目一览表》及《专业供应商维修服务项目一览表》确定是否维修，如属于《专业供应商维修服务项目一览表》中的项目，应向业主推荐专业供应商，如能维修应告诉业主维修中需要的材料 （3）如业主要求代购材料，应告诉业主材料费用，并把应收费数额填入维修单上的费用栏内，并告诉业主维修不收现金的制度 （4）与业主约定维修时间
		特殊情况	如维修过程中发现实际情况与初步判断有误，应向业主道歉并重新与业主沟通
		维修验收	（1）维修人员应主动请业主试用验收，直到业主满意为止 （2）由业主在维修单上签署意见及姓名，如收费项目已确定，则将维修单业主联交业主 （3）对不能确定收费项目的，将维修单带回交工程部主管，会同客服人员确定具体收费 （4）将维修单及时交回客服人员
3	监督		（1）到了业主预约维修时间，客服人员应打电话向业主询问维修人员是否准时上门 （2）工程部主管每天不定时检查值班记录本，了解维修跟进情况，督促维修工作正常进行 （3）维修24小时内，客服人员应针对维修情况进行回访
4	收费处理		维修人员将维修单业主联交业主，财务联交财务内勤记账收费，存根联统一编号装订存档
5	维修服务项目管理		管理处客服人员每月初应根据上月业主需求进行统计、分析，评估维修服务项目提供的有效性和满意度，对管理处提供的维修服务项目进行调整，同时不断提供社会化、专业化的服务，寻求更多优秀的专业供应商进行合作，进一步提升业主服务

3. 维修单的处理

维修单是在为业主提供维修服务过程中进行相关登记的重要表格，一般是客服人员接到业主报修后填写维修单并送达工程部，由工程部人员根据维修单上的信息为业主提供及时的维修服务，并在维修单上做相关记录。

（1）维修单（表6－6）

表 6－6 维修单

<table>
<tr><td>业主名称</td><td></td><td>业主地址</td><td colspan="2">小区　栋　单元　号</td><td>联系电话</td><td></td></tr>
<tr><td rowspan="3">保修项目</td><td rowspan="3"></td><td colspan="2">预约维修时间</td><td colspan="3"></td></tr>
<tr><td>记录时间</td><td colspan="2"></td><td>记录人</td><td></td></tr>
<tr><td>接单时间</td><td colspan="2"></td><td>工程部</td><td></td></tr>
<tr><td rowspan="3">维修项目</td><td rowspan="3"></td><td colspan="3">业主确认维修项目及计费并签名</td><td colspan="2"></td></tr>
<tr><td>开工时间</td><td>时　分</td><td>维修工时</td><td colspan="2"></td></tr>
<tr><td>完工时间</td><td>时　分</td><td>维修人员</td><td colspan="2"></td></tr>
<tr><td>使用维修材料名称</td><td>材料提供方</td><td>规格</td><td>数量</td><td>单价</td><td>计价/元</td><td>备注</td></tr>
<tr><td></td><td></td><td></td><td></td><td></td><td></td><td></td></tr>
<tr><td></td><td></td><td></td><td></td><td></td><td></td><td></td></tr>
<tr><td></td><td></td><td></td><td></td><td></td><td></td><td></td></tr>
<tr><td></td><td></td><td></td><td></td><td></td><td></td><td></td></tr>
<tr><td></td><td></td><td></td><td></td><td></td><td></td><td></td></tr>
<tr><td></td><td></td><td></td><td></td><td></td><td></td><td></td></tr>
<tr><td>服务费/元</td><td></td><td>合计</td><td colspan="4">大写：　　　　（单位：元）</td></tr>
<tr><td>客服主管</td><td colspan="2"></td><td colspan="4">维修人员：</td></tr>
<tr><td>业主意见</td><td colspan="6"></td></tr>
</table>

（2）维修单的处理标准

①工程部接到维修单后应尽快处理并及时向客服部反馈处理结果。一般情况要求 3 天内接单，若因客观条件限制无法及时解决问题，应及时告知客服部，由值班员按程序处理。

②客服部收到回单后用电话对业主进行回访，了解维修情况，征询业主意见，并在维修单上做记录。将业主意见及时反馈给有关部门，必要时直接报告公司领导。

③因缺材料或配件延误维修单的处理，工程部要及时向客服部反映情况，并及时填写请购单向供应部门申报。采购员在接到请购单 3 天内，因故买不到所需材料，要向有关部门主管汇报讲明情况。

④每月最后一天，所有处理过的维修单须全部送交客服部。退单送交工程部主管签署意见后，返还客服部。

⑤每月最后两天发生的维修单，属下个月范畴。

⑥下列情况属紧急情况，要及时处理：

超过一个房间范围的关于停水、停电、停空调、停电话的报修；电梯故障；跑水、火情、匪情。

⑦遇紧急情况,工程部接到通知后须立即派人赶往现场处理,不必取单,处理完后补办有关手续。

案例描述

三载之痒　经久之痛

某公司承租某小区商铺,不久发现墙角有渗漏现象,遂找到房东,房东立即通知物管处。经物管处维修工检查,发现问题出自楼上A先生家的卫生间,并进行了维修,暂时解决了商铺墙角渗漏问题。但好景不长,一段时间后,渗漏现象重又出现。维修工又到A先生家进行了第二次维修,同样没能根治渗漏痼疾,时修时漏,时好时坏,时间一拖就两年半过去了。承租户因房屋渗漏,在租期尚未到期时即要求与房东提前解除合同,房东找到物管处理论,要求物管处承担其经济损失。

物管处只好请来维修中心与开发商的客户服务部、工程部等相关部门现场会诊,确认渗漏原因系楼上A先生家卫生间落水管的接口问题。但当维修工再次去A先生家维修时,因A先生不同意敲开其卫生间墙面的瓷砖,声称为了配合维修,两年多以来已多次让维修工随时上门查看和维修,给其生活造成很大的不便。后经多方解释和数十次的登门拜访,A先生才同意最后一次配合维修,渗漏问题才得以彻底解决。

案例分析

一件历时三年的工程维修案,给三方造成了经久的不愉快回忆。分析此案,原因有三:

1. 物管处遇到问题只是简单地按既定程序处理,当这个漏水反复出现时,应及时有针对性地召集相关人员现场分析,找到真正的原因,对症下药,才能避免盲目的维修。

2. 站在业主的角度,为业主着想。如本案中对商铺的维修,要进入楼上A先生家,这对A先生的生活确实造成不便。管理处如能想业主所想,就不会轻易地一再敲开A先生的家门。而应慎重地制订周密详细的维修计划,争取一次维修成功,最多不能超过两次。

3. 维修是技术性很强的工种,维修中心应不断地对维修工进行业务培训,提高维修工的业务水平,保证维修质量。

二、维修人员的一般服务标准

1. 上门查看(如为简单维修无须此步骤)

工作服穿戴整洁,佩戴工作牌方可上门;必须按约定时间到达(前后5分钟);凭维修单进门查看。

对发现的问题向业主提出解决方案并就所需的材料、工具、修理时间征询业主意见，得到业主肯定后方可进行下一步工作。

2. 领用材料

（1）如业主未准备材料或准备材料不合适，在向其说明情况后，到管理处领用材料。

（2）如业主对所需材料有特殊要求或仓库无此材料时，可到业主指定的地点购买，并开具发票或收据。

3. 上门维修

（1）工作服穿戴整齐，佩戴工作牌，对所需材料及工具一次性携带齐全，并自带拖鞋和抹布以便清理工作现场。

（2）按约定时间准时到达业主门口，按业主门铃或轻叩门环敲门，如业主因事外出，则视情况等待5～10分钟，仍无人则填写好留言条，附在业主家门上，方可返回。

（3）业主开门后，主动问候业主并介绍自己，说明来意，同时出示维修单。

（4）尊重业主的居家习惯及风俗习惯（如进门脱鞋等）。

（5）如果材料由业主提供，应先对材料进行检验，如质量能满足要求，可进行维修；如质量不能满足要求，应向业主说明，征得业主意见，并在维修单上注明。

（6）维修过程中对业主提出的问题一一给予解释，对业主提出的要求尽量予以满足，不能满足的要耐心做出解释。

（7）维修中，要尽量不破坏房屋原样；维修完后，将所有原物复位，将工作中的垃圾清理干净，如垃圾较多（大）则清理出户。

（8）维修服务完后，征询业主的意见，并在维修单上签字认可。

（9）严格按照公司有偿服务项目参考价目表收费。如有特殊情况，可在与业主协商并请示部门主管后合理调整收费，并在维修单上注明。

（10）礼貌地向业主道别，严禁向业主索要小费，对业主馈赠的物品应婉言拒绝。

4. 维修服务时间

视工艺复杂情况而定，一般不超过当天，最长不超过三天，如超出上述时间，应向业主说明原因。

5. 服务对象满意率

服务对象满意率应达到90%，对不满意的服务项目应根据实际情况征求业主意见，组织二次维修。

三、维修服务的检验标准

1. 维修服务检验的种类

（1）对维修过程的检验。对维修过程的检验是为了确保业主所需维修项目及时处理和高质量完成，从而满足业主的服务要求。

（2）对维修时效的检验。按维修服务时间标准进行检验，确保维修服务的效率。

（3）对维修服务质量的检验。按维修服务质量标准进行检验，功能性维修以恢复原有功能为标准；外观性维修表面应无色差、高低不平现象出现，与原有部位相比较，应无突兀感。

2. 维修服务检验的方式

(1)日检。工程部及时收回每日的维修单,以检验维修的及时性和业主的满意度,检查当天维修任务的完成情况,并向客服部反馈信息。

(2)周检。客服部每周对小区各公共设备设施的维修、保养进行检查,有问题及时督促工程部解决。

(3)月检。客服部每月组织监督检查时应对维修记录进行抽查,检验维修记录填写是否规范,维修回访满意率是否达到要求等。

对以上检验中发现严重不合格的情况,应立即查找原因,及时采取措施进行纠正,在检验过程中发现隐患应及时采取预防措施。

拓展提高

物业管理公司与业主的维修责任应如何划分?

根据“谁所有谁管理”的原则,业主对其所有的物业应承担维护责任;其他设施、设备依情况不同而不同:

(1)房屋的室内部分由业主负责维修,业主也可委托有关物业管理公司或其他专业维修人员代修;

(2)由物业管理公司负责维修的部分为:房屋的共用部位和共用设施设备,即房屋的外墙面、楼梯间、通道、屋面、上下水管道、公用水箱、加压水泵、电梯、机电设备、公用天线和消防设施等房屋主体公用设施;

(3)由市政公用单位负责维修的部分为:住宅区内的水、电、煤气、通讯等管线的维修养护,由相关单位负责,维修养护费也由其支付。但是物业管理公司与上述有关单位另有约定的,按双方约定确定维修责任。

维修责任的承担:

(1)业主未履行其维修责任,致使房屋及附属设施已经或者可能危害毗连房屋安全及公共安全的,物业管理委员会可授权物业管理公司进行修缮,维修费用及损失由业主承担;

(2)人为造成公用设施损坏的,由损坏者负责修复并承担损失赔偿责任。

思考练习

一、填空题

1. 业主报修一般可分为________和________两种情况。

2. 业主报修请求可以通过________、________、________以及________等途径进行。

3. 维修服务检验的方式可通过________、________、________三种形式进行。

二、简答题

请绘制业主报修处理的一般工作流程图。

学习任务3 业主投诉处理

任务概述

业主投诉处理是物业管理的基础和核心。随着城镇居民生活水平的提高,居民对居住小区的物业管理服务需求也日益个性化,这必将导致国内物业管理市场的难度加大,投诉事件的发生也会日趋频繁。从表面看这是物业管理公司服务质量与业主需求之间的博弈冲突,但从深层次上看,这是不同物业管理公司管理上的竞争,从更长远看,这种管理上的冲突和竞争将决定物业管理公司的利润与发展。在这种情况下降低物业管理公司业主投诉率,提升物业管理公司服务质量已成为物业管理行业工作的重心,也是物业管理研究的重点。

任务目标

- 能掌握业主投诉处理的基本标准与工作原则
- 会根据相关工作流程处理业主投诉
- 能了解业主投诉处理的一些注意事项

学习内容

物业服务投诉是指业主由于对物业公司所提供的服务或产品不满意而提出的要求物业公司改进的措施。而投诉处理是物业管理环节中一项严谨而极富技巧性的工作,迅速、及时、合理地处理业主的投诉,能赢得业主的高度信赖,反之则影响物业管理公司形象,破坏与业主之间的良性关系。根据业主投诉性质,投诉一般可以分为四类:

(1)有效投诉。指业主对物业公司在管理服务、收费、经费管理和维修养护等方面失职、违纪、违法等行为的投诉。

(2)协助处理投诉。指业主对因开发商或外部环境、本管理处服务范围以外公共配套设施等原因而产生的影响小区业主日常居住的不良因素,希望由管理处协助处理的投诉。

(3)无效投诉。指有效投诉和协助处理投诉之外的其他投诉。

(4)集体投诉事件。指同一物业范围内3户或3户以上的业主针对同一事件同时提出的投诉。

一、业主投诉处理的标准原则

物业公司作为一个特殊赢利的行业，其提供的服务具有不可逆性、事后性、难测度性等特点，在具体的投诉处理过程中要掌握一定的原则、方法和技巧。

1. 投诉处理的基本标准

(1)投诉登记。不缺项，详细认真，转呈及时。

(2)投诉解释。耐心细致、用语礼貌、用词准确，不含糊其辞。

(3)投诉处理。及时，不刁难，不推诿，做到“事事有着落、件件有回音”。

2. 投诉处理的工作原则

(1)换位思考原则。在接受投诉处理的过程中，必须以维护公司利益为准则，学会换位思考，以尊重业主、理解业主为前提，用积极诚恳、严肃认真的态度，控制自己的情绪，以冷静、平和的心态先处理业主心情，改变业主心态，然后再处理投诉内容。不能因为一个小小的失误导致处理失败，导致一系列投诉事件的发生。

(2)有法可依原则。物业公司每天都要面对形形色色的各类投诉，如果不加甄别，认为每件投诉都是有效的，一方面可能承担了公司本不该承担的责任，另一方面还会让公司成为业主的申诉地。因此，在接受业主投诉时，在稳定业主情绪的情况下，对投诉事件的有效性进行区分。凡在物业公司与业主委员会签订物业服务委托合同条款内，纳入物业行规内的投诉均属于有效投诉。

(3)快速反应原则。投诉事件的发生具有偶发性，这就要求我们必须快速、准确地识别业主投诉的有效性。当场可以解决的必须予以解决；需要借助其他部门解决的，须经过协调沟通后予以解决；若现场无法解决的，经与业主协商，约定解决的具体时间、期限，并在规定期限内给予圆满解决。面对重大投诉问题，一定要在第一时间向上级部门反映。

(4)告诫拒绝原则。若业主投诉属于有效投诉，物业公司应按照业主投诉处理程序处理，若为无效投诉，在时间、人力资源允许的情况下，物业公司可以协助解决，否则应告诫拒绝。

(5)及时总结原则。物业公司不能只满足于投诉处理过程的控制，而忽略事后跟踪及投诉案例的分析、总结，导致同类投诉事件再次发生。因此，物业公司应对投诉事件及时总结分析，以改进服务质量。

二、业主投诉处理的工作流程

业主的投诉方式可分为来人投诉、来函投诉、来电投诉和其他投诉四种，根据投诉问题的不同又可分为轻微投诉、重要投诉和重大投诉三种。

1. 业主投诉处理流程

不管是哪一类投诉，投诉处理的一般流程可分为受理、处理和回复三个过程。业主投诉处理的流程如图 6－3 所示。

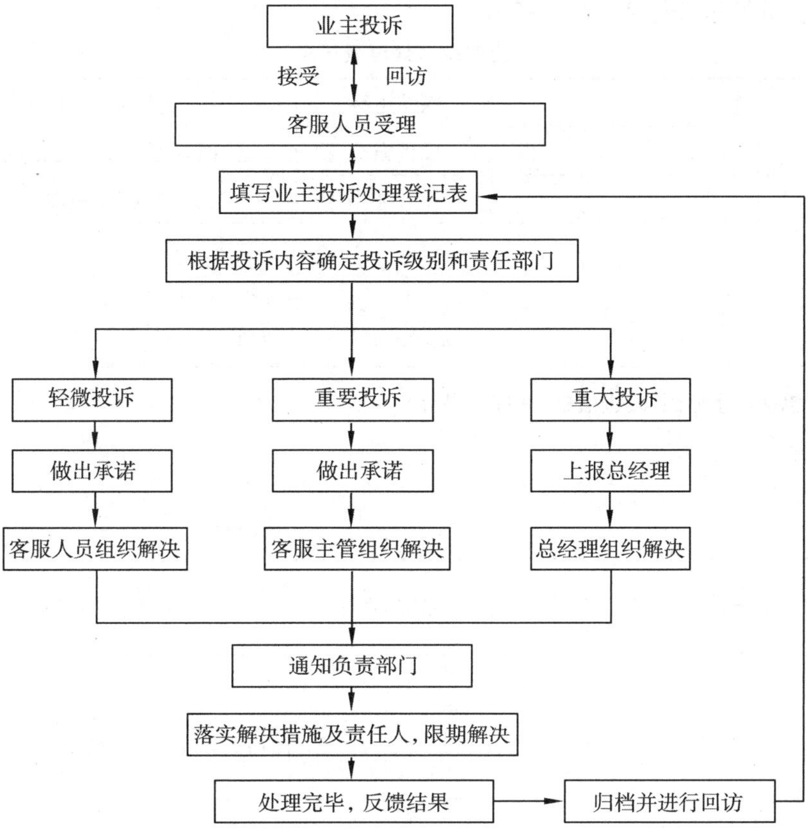

图 6－3　业主投诉处理流程

2. 业主投诉处理的具体操作

(1)接到业主投诉,接待人员首先应给予解释,无法处理的应及时反馈给客服部相关人员。

(2)投诉受理人员在接到投诉后,首先安抚好业主的情绪,以积极态度对待业主的投诉。

(3)当业主陈述事由时,受理人应将业主所陈述事由作详细记录,以备查询,并要求业主出示相关证明。

(4)根据业主投诉事项进行业务分类,并立即核查投诉事项是否有效。无效投诉,能现场处理的应立即处理,不能处理的,可跟业主另约时间,请示上级主管后,再给予回复。

(5)若投诉需要其他部门配合方能解决问题时,应尽快协调,取得解决方案后再向业主回复。

(6)业主不满意处理结果,受理人可提请上级处理,上级主管无法现场解决的,可跟业主另约时间进行电话跟踪服务,并及时回复。

(7)当投诉处理完毕后,受理人要及时做好投诉处理结果记录,事后对投诉事件进行归类总结,并做好回访工作。

3. 业主投诉处理登记表(表6－7)

表6－7　　　　　　　　　　　业主投诉处理登记表

<table>
<tr><td colspan="2">业主姓名</td><td colspan="3"></td><td>联系电话</td><td colspan="4">□ 客户 □ 保密</td></tr>
<tr><td colspan="2">业主地址</td><td colspan="3"></td><td>投诉方式</td><td colspan="4">□ 面谈 □ 电话 □信函 □其他</td></tr>
<tr><td colspan="2">投诉时间</td><td colspan="3"></td><td>投诉类型</td><td colspan="4">□ 轻微 □ 重要 □重大</td></tr>
<tr><td>投诉内容</td><td colspan="9">记录人：　　　时间：</td></tr>
<tr><td>处理过程描述</td><td colspan="9">(包括产生原因、改进措施、处理结果等)
记录人：　　　时间：</td></tr>
<tr><td>处理部门</td><td colspan="2"></td><td>经办人员</td><td></td><td>完成时间</td><td colspan="2"></td><td>业主满意程度</td><td></td></tr>
<tr><td>回访情况</td><td colspan="9">回访人：　　　时间：</td></tr>
<tr><td>领导审阅</td><td colspan="9">领导签名：　　　时间：</td></tr>
</table>

三、业主投诉处理的注意事项

物业管理与人的心理活动关系密切，物业公司的服务意识，业主的投诉心理和员工的自身素质，始终是一个研究的课题。物业公司在业主投诉处理过程中几个需要注意的事项如下：

1. 要充分熟悉本物业公司的主要工作内容

(1)接诉人员要熟悉本小区的基本情况，各项公共设施设备的设置及养护情况。

(2)明确本物业管理处所提供的服务内容和范围。

(3)明确本管理处各个部门的职责及其业务范围，熟记它们的联系方式。

(4)熟记一些在紧急事务处理时，相关单位的联系方式。

2. 要注意掌握好处理投诉的时间尺度

把握好时间尺度，对于处理投诉是至关重要的，特别是在处理紧急投诉时，接诉人员能否快速做出反应就显得更加重要。若办事拖拉，甚至故意拖延时间，可能会错失解决问题的最佳时间，造成重大损失。

3. 要给接诉人员处理投诉的权利

如果接诉人员没有处置投诉的权利，就会出现事事请示领导的现象，不利于投诉的快速解决。但是，涉及花钱补偿等事项，处理投诉人员，必须保持清醒的头脑，不可以随便答应和许愿。要摸清投诉业主可以接受的条件，回来请示领导后确定，通过书面协议形式进行解决，超过一定金额的书面协议一般要经过企业律师审核后才能实施。

4. 要沉着冷静地处理投诉

在处理投诉时保持沉着冷静是接诉人员必备的心理素质。特别是在处理紧急投诉时，接诉人员更要保持沉着冷静，按照紧急处理流程处理。同时要注意对方的情绪，尽可能使投诉人冷静下来，共同把问题解决好。

5. 要以迂为直的方法处理投诉

在处理投诉时，如果直来直去，不懂得变通，反而会使问题复杂化，不利于解决问题。所以，管理人员应该学会随机应变，灵活掌握处理方法。有时可以"换位思考"，站在业主的角度来思考一些问题，从心理学的角度加以分析，加以重视，做出解答。对于一些无关紧要的争执，可以忍让一下，退一步海阔天空，避免矛盾激化，以此来努力创造一个有利于物业管理发展的良好环境。

案例描述

扰民早点摊　撤销有点难

2001 年夏季的一天，某小区围墙外突然冒出了一个早点摊。该早点摊从凌晨二、三点开始营业，至上午九点结束。期间锅碗瓢盆声、吆喝声此起彼伏，严重影响了周边业主的休息。管理处得知这一情况后，立即向市行政执法局反映，但被告知此为该地所属街道同意设立的便民早点摊，要撤摊须经街道同意。

于是，物业公司与业委会一道向街道反映了该早点摊的卫生状况：地面污水横流、蚊蝇飞舞，塑料袋、方便筷随地可见，且操作人员未佩戴健康证，要求街道取消该早点摊，或将其迁往他处。街道答复：考虑一下再作决定。

随着时间推进，早点摊逐步有所增加，环境污染变本加厉。为此，物业公司会同业委会及周边小区业主多次向社区、街道、区、市行政执法局、区长热线、市长热线反映，均不了了之。

到 2002 年夏天，历时一年之久的早点摊已将围墙及地面污染得面目全非，业主对此越来越不堪忍受，物业公司接到的业主投诉也越来越多。管理人员灵机一动，将早点摊经营场地及给围墙、地面留下的油污痕迹一一摄影，作为投诉信附件于 2002 年 9 月 1 日寄给市长。

2002 年 9 月 23 日，在市行政执法局的干预下，早点摊终于消失。

案例分析

1. 社会的发展，对物业管理行业提出了更高的要求。物业管理，不仅要管理小区内的物业，保障业主正常的生活环境也是物业管理人员义不容辞的责任；

2. 在问题未得到彻底解决时，物业公司未采取有效的措施及时跟进。假如在问题出现后即派专人负责督办，就不会出现问题久拖不决的情况；

3. 今后在物业管理中遇到类似问题时，要合理整合资源，借助业委会、街道及政府有关主管部门等多方力量，争取他们的理解和支持，合理、有效地解决问题。

拓展提高

在物业管理中业主投诉的几个常见分类：

1. 房屋管理类

如房屋损坏保养不到位、公共楼道修缮不及时、违章搭建、装修管理审批、监控不到位等。

2. 设备管理类

包括共用的上下水管道、落水管、垃圾道、烟囱、共用照明、天线、中央空调、暖气干线、供暖锅炉房、高压水泵房、楼内消防设施设备、电梯等，含外包。

3. 安全管理类

包括对外来人员、物品搬运、车辆道路、消防等的管理；对讲机使用，如安全员夜间对讲机声音过大；技能防范和突发事件处理等。

4. 环境管理类

包括绿化、清洁卫生、垃圾清运、消杀、商铺环境等如油烟问题、占道经营、乱摆卖等；不能归属其他类别的噪音和对保洁外包供方的监控等。

5. 综合服务类

如商务服务、会所等由物业管理单位提供的社区配套服务的提供以及收费等。

6. 业主纠纷类

如毗连部位维修、装修破坏防水层造成渗漏水等，以及部分业主的不道德行为等。

7. 地产相关类

如房屋质量、配套设施、规划设计、地产联系的工程施工、配套服务、销售管理等。

8. 其他类

如市政配套、供水、供电、供气、采暖、宽频网、电话、交通不完善或市政设施突发事件过多等。

思考练习

一、填空题

1. 业主的投诉方式可分为________、________、________以及________四种。

2. 不管是哪一类投诉，投诉处理的一般流程可分为________、________和________三个过程。

3. 根据投诉问题的不同又可分为________、________、________三种。

二、简答题

1. 请画出业主投诉处理的工作流程图。

2. 简述业主投诉处理的工作原则。

学习任务4 突发事件处理

任务概述

突发事件一般是指在意料之外突然发生的事件，有可能危及业主的人身及财产安全，例如突发治安事件、火灾、触电、水浸等。对于突发事件，物业公司应做到快速反应和尽可能提供帮助。

任务目标

- 能按照流程和要点有原则地处理各类突发事件
- 会填写《突发事件记录表》

学习内容

一、突发事件处理流程

物业公司要规范对突发事件的处理流程，提高对突发事件的应急处理能力，维护辖区内的正常生活和生活秩序，确保业主的生命财产安全。

1. 突发事件的分类

突发事件主要分为：治安突发事件；消防突发事件；电梯困人突发事件；市政停水、停电、停气突发事件；自然灾害突发事件。

2. 突发事件的处理原则

(1)快速反应原则。值班人员接警后，立即通知相关部门主管在5分钟之内到达突发事件现场，进行控制指挥。

(2)统一指挥原则。处理紧急事件由各部门主管负责统一指挥；在特殊情况下，由保安大队主任负责统一指挥；客服部做好向业主解释工作。

(3)服从命令原则。值班人员无条件服从客服部主管命令,并负责对紧急事件的处理过程做详细记录。

(4)团结协作原则。客服部作为紧急事件的处理部门,行使公司赋予的指挥权和处理权,公司任何部门不得干预。在客服部做出紧急处理决定时,各相关部门应团结一致,紧密协作,配合客服部处理好紧急事件。

3. 突发事件的处理流程

根据不同类型的突发事件,物业公司应遵循不同的处理流程进行处理,并填好突发事件记录表(表6－8)。

(1)治安突发事件

①盗窃案件处理:保护现场,对可疑人员进行监控、跟踪,防止其逃跑。第一时间报告上级,然后由上级决定是否报警,同时安抚被盗人。配合公安机关取证、破案。做好记录。

②抢劫案件处理:第一时间赶往现场,制止、抓获抢劫者。如有伤者,第一时间组织送往医院。报告上级,然后由上级决定是否报警。保护好现场。如抢劫者逃跑,应组织一切围捕力量围捕。配合公安机关取证、破案。做好记录。

③斗殴事件处理:第一时间通知应急队出动,制止斗殴事件的扩大,控制现场。报告上级,然后由上级决定是否报警。如有伤者,第一时间组织送往医院。劝散围观群众,待公安机关出警后移交公安机关处理。做好记录。

(2)消防突发事件

现场总指挥由安全护卫部当班班长担任。第一时间将火灾地点、火灾程度报告工程部、客服部、监控中心。将对讲机统一调至客服部频道,将音量开至最大并保持畅通。通知应急队。报告上级,根据现场燃烧程度决定是否报警。指派消防引导员。组织前期灭火,疏散人员,同时通知监控中心启动消防联动设备。应急队赶到现场后按分工开始灭火、疏散、救护、警戒。待消防队员赶到后配合消防队灭火,并告知前期灭火情况。救火完毕后,组织开展善后工作。

(3)电梯困人突发事件

监控中心听到电梯报警电话响起后2秒内接听。如有业主受困,应通过报警电话明确电梯运行状况及所在楼层,安抚受困人员,告知工作人员会在3分钟内赶到现场。第一时间通知工程部、客服部,并告知受困人员电梯所在楼栋、楼层以及现在状态。通知巡逻岗赶往现场对受困人员进行安抚,并留守向其他人员做好电梯故障解释工作。利用电梯监控画面密切关注受困电梯。待工程部赶往现场后配合工程部解救受困人员。在《突发事件记录表》上做好记录。

(4)市政停水、停电、停气事件处理

遇突然停水、停电、停气时,监控中心岗位应第一时间通知值班人员,并向工程部询问原因。值班人员通知各岗位进入紧急状态,严守岗位,巡逻岗位增加巡逻频次。待工程部将原因反馈后由值班人员向所有岗位告知原因。各岗位按告知原因向业主解释。监控中心关注电梯是否有困人情况,如有,按流程处理。各岗位主动提醒业主关好家中自来水、天然气开关。

(5)自然灾害突发事件处理

①台风暴雨:值班人员通知各岗位进入紧急状态,严守岗位,巡逻岗位增加巡逻频次。组织岗位对不牢固设施进行加固。疏通下水道,防止沟渠堵塞。提醒各岗位注意自身安全。将情况上报上级。应急员工全体待命,准备随时出动支援。

②地震、洪水:第一时间上报上级。应急员工全体出动。组织人员安全、有序的疏散。组织对财产进行抢救。配合救灾机构进行抢险救灾。做好灾后善后工作。

表6-8　突发事件记录表

事件主题					
责任部门		事发时间		事发地点	
事件记录: 记录人:　年　月　日					
处理意见及情况: 签字:　年　月　日					
部门负责人意见: 签字:　年　月　日					
相关职能部门意见: 签字:　年　月　日					
处理结果: 签字:　年　月　日					
结果验证: 签字:　年　月　日					

二、突发事件的处理要点

1.突发治安案件的处理要点

客服人员在巡逻中遇到有(或接报)公开使用暴力或其他手段(如打、砸、抢、偷)等强行索取或毁坏公司和业主财务或威胁业主人身安全的犯罪行为时,要及时报告上级领导。当发生突发事件时,要保持冷静,设法制服罪犯,同时立即通过通讯设备呼叫求援。所有持对讲机的机动保安员、客服人员在听到求援信号后,要立即赶到现场,同时通知中控室封锁出事地点并录像,然后视情况向有关领导汇报。若犯罪分子逃跑,一时又追不上时,要看清人数、衣着、相貌、身体特征、所用交通工具等,并及时报告公司领导,重大案件要立即拨打“110”电话报警。有案发现场的(包括偷盗、抢劫现场),要保护好现场,任何人不得擅自移动任何东西,包括罪犯留下的一切手痕、脚印、烟头等,不得让外人进入现场;在公安机关人员未勘查现场完毕之前,不能离开。记录业主所提供的所有情况,记录被抢(盗)物品及价值,询问业主是否有任何线索、怀疑对象等信息。若是流动作案,没固定现场的,犯罪分子遗留下的物品、作案工具等,应用镊子或其他工具提取,然后放进塑料袋内妥善保管,交公安机关处理,切不可将保安人员或其他人员的指纹等痕迹遗留在物品上。如事主或现场有人员受伤,要设法尽快送医院抢救并报告公安机关。客服主管做好事件备案,并写出书面报告报上级主管部门。

2. 火灾事故的处理要点

客服人员接到火灾报警时,严守各自岗位待命。配合保安人员做好安全防范工作,以防坏人浑水摸鱼、趁火打劫。当巡楼发现火灾时,应保持镇定,用对讲器材呼叫主管或经理,将最近的手动报警系统的玻璃片打碎,令火警警笛长鸣。拨打119,说出具体街道、楼名等。可尝试使用就近的消防栓将火扑灭。确保业主的安全,协助疏散业主,所有人员按顺序通过消防通道撤离至安全地点;关闭防火门,以隔离热源。所有员工听从指挥,无条件服从领导及主管调配,按照分工,各司其职,勇往直前,扑救抢险。现场若困有业主,应本着“先人员,后财产”的原则抢救。若室内无人,在无钥匙开门的情况下,由物业服务企业领导决定是否破门进入房间扑救。扑救完毕后,公司安排人员协助有关部门查明火灾原因及损失,并做好安置工作。火警事件处理完后,要做好记录并备案,写出书面报告报上级主管部门。

3. 触电事故的处理要点

客服人员接到触电事故的求助信息时应立即赶到现场并关闭电源。在未关闭电源之前切不可用人体接触触电人,以防自己触电,应用绝缘的东西把线头或人拉开。立即进行人工急救,并拨打120急救电话告知医院马上派医生抢救或送院急救。

4. 突发性水浸事故的处理要点

客服部接到报告后,应及时前往现场观察。抵达现场后,立刻查找出水的来源,检查出水阀位置,并立即关闭有关的水阀。如下水道堵塞,应立即疏通。用沙包及时封堵重要设备及电梯间,确保设备不被水浸。观察现场附近的配电箱。如有浸水应立即切断电源,以防漏电伤人。

查明浸水原因,并采取有效的阻截措施,如水浸是来自小区外的暴雨洪水,则应当在各低于水位的出入口使用备用拦水闸板和沙包;如浸水是来自市政地下水反溢,则应当暂时将反溢的地下水道通往楼宇的入口封闭,并用排水泵将小区的积水抽排出楼宇外;如水浸来自小区有关设施的损坏或故障,则应当先关闭控制有关故障部位的水掣或供水泵。

组织当值人员根据水浸情况,协同工程组采取有效措施,如将电梯开高离开受浸范围、关闭受浸区域的电掣、在水漫延的通道上摆放拦水沙包、疏通排水泵、开启排水泵、用吸水机吸水等,尽可能减少水浸所致的损失。

水浸排除后，检查财物，鉴定损失情况。立即通知清洁人员清除积水，以减少对楼宇结构造成更大的损害，保持环境卫生；通知工程组查明故障原因，修复受损的设施。尽快恢复小区的正常运作。处理过程中，应加强安保意识，防止盗贼乘机作案。

5. 停水停电的处理要点

（1）紧急停电处理要点

①市电停电时，按下列步骤处理：值班人员发现大面积停电或同时接到多个停电报修时，应立即通知工程组采取应急措施。马上通知部门其他技工、主管，同时与上一级供电部门联系报修，查明原因。供电部门有明确答复后，工程组应马上向客服前台、监控中心、部门主任汇报停电原因、预计来电时间等内容。尽快救出电梯内被困人员。开启柴油发电机应急电源，并派专人监控发电机组运行。将不能自动跳闸的开关打下。检查各自应急电器的运行状态。

②市电来电时，可按下列步骤处理：依次推上各断开供电开关。将使用应急供电转为市电。停下柴油发电机，并由监控人检查、保养。检查各设备/设施供电完好。向客服前台汇报市电来电一切正常。客服前台向业主/住户做好解释工作。

③部分区域停电处理要点：值班人员能自行处理的，应即时处理完毕，并向客服前台汇报处理情况。值班人员如不能自行处理（如开关损坏、线路着火等故障），则应马上上报部门领导请求支援，同时向客服前台汇报。查明原因后，向客户服务部领导汇报，并向客服前台通报停电原因及预计送电时间。工程组主任现场组织技工进行修复。修复完毕恢复供电后及时向客户服务部领导汇报，并通知客服前台。接待中心值班人员负责向业主做好解释说明工作。停电后12小时内，工程组写出书面汇报（停电原因、停电时间、处理过程等）报客户服务部领导及相关部门。客户服务部24小时内以书面形式向业主做出情况说明。

（2）紧急停水处理要点

值班人员发现紧急停水时应立即通知工程组查明原因。市政停水时，值班助理应马上通知工程组，查明停水原因和预计送水时间，并同时向部门主任汇报。部门主任马上向客服部领导汇报，采取紧急供水措施（送水车启用，工作人员送水到业主家中）。

（3）设备/设施故障停水处理要点

值班人员能暂时自行处理的，应马上处理完毕，并将事情经过向客服前台值班人员通报，并向部门主管汇报。值班人员不能自行处理的（供水、设备、管网、阀门等故障），应马上报部门领导请求支援。部门主管马上赶到现场查明原因，向客户服务部领导汇报，向有关部门通报停水原因及预计送水时间。部门主管现场组织技工进行修复。修复完毕恢复供水后及时向客服部汇报，向有关部门通报。客服值班人员负责向业主做好解释说明。停水后12小时内，工程部写出书面汇报，报客服部及相关部门。24小时内客服部书面向业主做出情况说明。

案例描述

盗窃抢劫事件谁之过

2012年2月9日上午11点左右，某小区业主王女士跑到管理处，称有两个男人把她家的房门撬开准备盗窃，管理处立即通知各门岗注意陌生人员出小区，并让值班班长查找监控。同时，客服部主管到业主家中了解现场情况。经向业主了解，当时业主在里面卧室阳台玩电脑，同时洗衣机里洗着衣服，业主到客厅拿东西时，正好看到两个男人进入她家，其中一人见家里有人，扭头走了，另外一个谎称是对面装修的。由于对面根本没有装修户，业主立即明白这个人的来意。

犯罪嫌疑人将业主堵到卧室里让她把家里的钱交出来，业主称家里没钱，并告知他不要乱来，家中老人就在楼下马上回来。因为卧室窗户开着，业主抓住护栏向外求救，嫌疑人捂住业主嘴不让喊，两人纠缠一会，嫌疑人见达不到目的便逃走了。随后，业主跑向管理处告知此事，并拨打110报警。刑侦人员进行了现场记录和查勘，并查看拷贝了监控录像。

案例分析

1. 物业公司对业主的财产、人身安全负有责任，业主在自己的家里被抢劫，无论怎样，物业公司都负有责任，只是责任的大小有区分而已。

2. 同时，物业公司无法对业主的每件事负责，小区的住户被歹徒入室抢劫，主要应该看小区的秩序维护人员是否做到了尽职尽责。如果是工作没有到位，那物业公司就应该承担责任，如果工作没有疏忽，没有问题，那物业公司就不该负有责任。

3. 在判定有无责任时，主要是看双方签订的合同上是否有与财产、人身安全保障相关的条款。在本次事件中，则要看在发生抢劫时，物业公司的保安有无失职之处。经调查：通过监控录像，嫌疑人是从小区南侧进入，1人从北门跑出，1人从南侧跑出；查看小区外围，南侧紧邻工地，隔离板开了3个以上出口，不能实现封闭式管理；该小区保安严重缺编，南侧重点监控区域未见巡逻人员；查看出事楼区，未见巡逻签到记录。因此，判定物业公司承担一定的管理责任。

4. 对物业公司的建议：南侧出入口封闭或专岗监管；增加巡逻人员，修改巡逻方案；加强与业主沟通，做好安抚工作；针对此事件，加强监管力度，制定预案，并对相应责任人进行处理。

拓展提高

突发事件处理的后续工作

“亡羊补牢,未为晚矣”。发生突发事件并不可怕,可怕的是同样的突发事件再次发生。因此,在处理完突发事件后应及时改进并制定相关预案,具体可以从以下两个方面入手。

1. 全面总结

突发事件处理完毕后,对处理全过程进行全面的总结必不可少,以此总结经验,吸取教训;发现问题,持续改进;肯定成绩,逐步推广。为制订纠正措施,防止类似事件的再度发生打好基础。

2. 制订纠正措施

在全面总结以后,还需要根据总结情况制订相应的纠正措施:根据总结情况,适当修改原有预案中误漏之处,以完善预案制;编制还缺乏的预案,以充实预案制;有针对性地开展培训(同样包括对内、对外两个方面),持续改进,不断增强处理突发事件的能力。

在此还有一点值得强调,突发事件基本处理完毕后,对相关业主、使用人的回访必不可少。此时可能正是他们需要帮助的时候,亦是双方相互沟通的最佳时机之一,适时地上门回访,往往能取得意想不到的效果。

思考练习

一、填空题

1. 突发事件按照分类可分为________、________、________、________和________五种情况。

2. 在处理突发事件时,需要把握的原则有________、________、________以及________。

二、简答题

请阐述突发事件处理时应把握的处理原则。

学习任务5 业主回访管理

任务概述

对业主的回访是物业公司众多事务中的一项重要工作，一般是在为业主提供服务后进行回访，目的在于了解业主对服务的满意度，加强物业公司与业主的沟通。物业公司针对业主回访的结果，及时对管理中存在的问题进行全面总结，并制定相关措施加以改正，达到提高公司服务质量的目的。

任务目标

- 能掌握业主回访的相关工作标准
- 会根据相关工作流程处理业主回访
- 能了解业主回访管理的分类处理

学习内容

一、业主回访的工作规定

1. 业主回访应达到的标准

(1)加强管理处与业主的感情联络。

(2)加强沟通，促进业主配合、协助管理处工作。

(3)提高管理处管理质量和管理人员的服务质量。

(4)让业主了解管理处的运作与业务管理的权利义务。

(5)倾听业主对管理处管理方面的建议和意见。

(6)了解业主对物业设施合理性方面的要求。

2. 客服部主管制定回访计划，注意安排回访。

3. 业主投诉处理完毕后三天内进行回访，回访率达50%。一般投诉由客服助理回访，重要投诉由客服部主管回访，重大投诉由管理处主管回访。

4. 维修工程处理完毕后一个月内进行回访，回访率达30%，具体由责任区管理员负责。

5. 组织文体活动结束后一个月内进行回访，回访率达10%，具体由社区文化文员负责。

6. 重大节日拜访由管理处主管组织进行。突发事件处理完毕后即时回访。

7. 上门回访必须有业主的签名，电话回访不作此项要求，但在回访记录表中写明“电话回访”。

8. 客服部主管对客服人员的回访工作进行检查并签署意见。

9. 对回访中业主又重新提出的意见、建议或投诉等不能立即解释清楚或暂时无法做出明确答复的，应告知时间回复；对需要进行第二次回访的必须进行第二次、第三次甚至更多次回访，在第二次以后的不属于第三次投诉的回访可采用电话形式回访。

10. 当需要对同一问题进行回访工作时，管理处可以用公开信的形式给业主答复，公开信应存入回访档案。

11. 对业主反映的问题做到“件件有着落，事事有回音”，回访处理率达 100%。

12. 对同一问题多次投诉（指投诉人向不同部门投诉），应做一次记录。

13. 对投诉人没留下姓名或上级部门只要求复函的投诉，可不进行回访，但应将复函情况附在投诉表后。

二、业主回访的分类处理

1. 急救病人的回访

(1) 由客服部员工负责。

(2) 回访率应达到 100%。

(3) 应在急救工作完成后一周内进行。

2. 客服部发起各种活动或业主意见调查的回访

(1) 由客服部主管负责。

(2) 回访率应该达到 30% ~60%。

(3) 应在组织活动完成后一个月内进行。

3. 业主投诉处理的回访

(1) 客服部每周按照业主投诉处理登记表安排客服人员对上周所有投诉业主进行回访。

(2) 回访形式以上门回访为主，因工作需要无法安排上门回访的可采用电话回访代替。

(3) 负责实施回访的人员根据回访工作实事求是地填写回访记录表。对于上门回访，要求业主签署意见，电话回访不做此项要求。

(4) 对于投诉人没有留下姓名或上级部门只要求复函的投诉，可不进行回访，但应将复函情况附在业主投诉记录表后。

(5) 业主投诉的回访率应保证达 100%。

4. 维修服务的回访

(1) 客服部每周根据上周的维修单安排人员对维修服务进行回访，回访处理率不低于 30%。

(2) 回访以电话形式进行的，实施回访人员将回访情况如实填写在回访记录表中。

(3) 急修项目、房屋渗漏水项目维修后，应做跟踪回访。

(4)急修项目维修后24小时内回访,1天后再做一次回访。

(5)房屋渗漏水项目维修后3天内回访,雨天后再做一次回访。

(6)回访内容包括:实地查看维修项目、了解业主对维修人员的满意度、核对收费情况、征询改进意见等。

三、业主回访的工作流程

1. 业主回访的工作流程(图6-4)

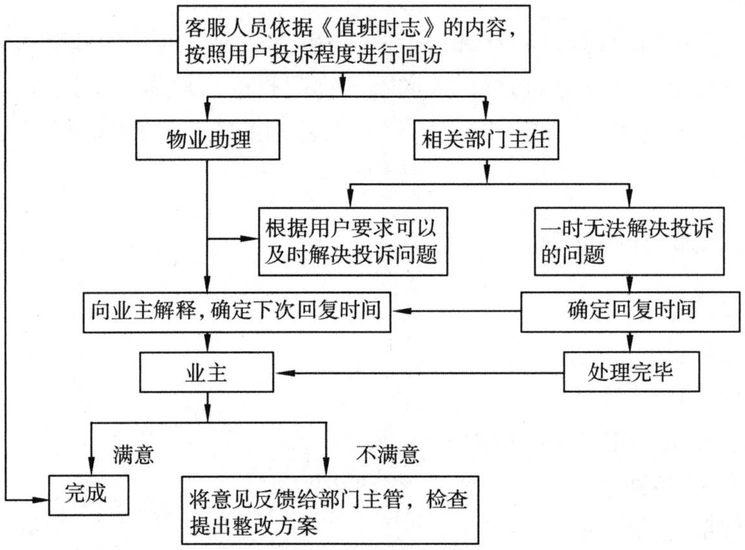

图6-4　业主回访工作流程

2. 业主回访的具体操作规范

(1)客服部负责回访安排,包括确定回访时间、地点及内容。

(2)回访人员领取回访记录表,通过与业主面谈、现场查看的方式进行回访,回访的内容包括质量评价、服务效果评价、业主满意程度评价、缺点和不足的评价、业主意见的征集,将回访的内容简单扼要地记录在回访记录表上,并请业主签名确认。

(3)回访检查。客服部主管负责对实施回访人的回访工作进行检查,并在回访记录表部门意见栏签署意见。

(4)回访不合格处理:

①客服部前台人员将回访记录本上反馈为不合格的事件上报主管处主任,再按照业主投诉处理流程进行处理。

②客服部安排人员每月末对回访的结果进行统计和分析,对发现的回访不合格、连续就同一事项投诉两次以上、同一种维修三次以上的现象,写成统计分析报告,以书面形式经客服部主管审核后,由管理处主任按照不合格项纠正、预防标准作业规程办理,安排人员限期解决,并再次进行回访,直至业主满意为止。

3. 业主回访管理的相关表格范本(表6－9、表6－10)

(1)回访记录见表6－9。

表6－9　　业主回访记录表

业主名称		单元编号	
回访事由			
	回访人/日期：		
业主意见			
	处理人/日期：		
回访处理结果			
	客服部意见：		

(2)回访业主月统计见表6－10。

表6－10　　回访业主月统计表

回访内容	楼层通道梯间清洁	小区广场路面清洁	小区安全保卫工作	工程维修效率	工程维修质量	员工工作态度	有偿服务质量态度	公共设施配套服务	小区会所商务环境	投诉处理效率	其他	合计	与上月比较
业主评价													
统计人：							统计日期：						
相关措施：													
客服部主管：							管理处主管意见：						

思考练习

一、填空题

1. 业主投诉处理完毕后三天内进行回访，回访率要达到________。
2. 对回访中业主又重新提出的意见、建议或投诉等不能立即解释清楚或暂时无法做出明确答复的，应________。
3. 对发现的回访不合格、连续就同一事项投诉两次以上、同一种维修三次以上的现象，写成________，以书面形式经客服部主管审核。

二、简答题

业主回访应达到的标准有哪些？

学习任务6 业主意见征询管理

任务概述

业主意见征询是指物业公司借助自身部门或第三方机构，通过一定的调查形式针对业主征集物业服务的意见或建议。其目的是为了及时了解物业管理运行状况，监督各部门的物业服务工作，确保各项物业服务满足业主的要求。通过业主意见征询反馈的结果，物业公司应及时制定或纠正预防措施，限期整改，以确保物业公司的服务品质。

任务目标

- 能掌握业主意见征询的基本形式
- 能采用合适的调查方法进行业主意见征询
- 能设计、填写业主意见征询表格范本

学习内容

业主意见征询的根本目的在于了解业主对物业服务的意见和建议，从而更好地改进和完善物业服务质量。

一、业主意见征询的方式与内容

1. 业主意见征询的常见方式

(1)一般意见征询。一般意见征询是指通过定期开展业主意见征询工作,对业主的意见和建议进行收集,了解物业服务效果,使服务信息得以及时反馈,确保物业服务效果满足业主要求。

(2)专项意见征询。专项意见征询是指物业服务实施过程中,针对某一特定阶段或特定客户群体,实施的意见征询活动,旨在了解该阶段、该客户群体对物业服务工作的意见和建议。

(3)满意度调查。满意度调查是指物业公司对各项物业服务质量通过满意度调查的方式对业主满意程度的相关信息进行收集和分析,为公司服务提供有效性的监视和测量,评价差距、明确持续改进的方向和需求。

(4)第三方满意度调查。第三方满意度调查是指物业公司委托专业第三方机构对公司的物业服务质量进行专业性、客观性的业主满意度调查,客观公正地反映各项物业服务提供情况,从而对物业服务进行合理评估、准确监测、科学分析、出台措施、优化服务,形成公司服务品质管控全程管理研究的外脑。

(5)神秘顾客。神秘顾客是指物业公司选取经过培训的调查员,在规定或指定的时间里扮演成业主,对事先设计的一系列问题逐一进行评估或评定,从而对各项服务提供情况进行了解。

2. 业主意见征询的内容

业主意见征询的内容应包括以下几个方面:安防管理、供电管理、供水管理、消防治安管理、卫生管理、绿化管理、公共设施管理、维修服务、服务态度、其他服务。

二、业主意见征询的调查方法

1. 上门发放问卷

对抽样楼宇全体业主进行上门拜访,将问卷当面交给客户,20 ~ 40 分钟后再去回收。

2. 深度访谈

工作人员携带书面问卷前往业主室内,就物业服务进行意见征询或满意度调查,现场问卷填写和访谈,详细记录访谈中业主提出的意见和建议,并现场回收问卷。如在集中点进行深度访谈,则一人负责深度访谈,一人负责现场问卷的填写。

3. 电话访谈

工作人员通过电话对业主进行意见征询或满意度调查,详细记录访谈中业主提出的意见和建议,并完成征询调查表,要求征询通话过程严格按照公司标准化服务用语进行,做到语言文明,语速适中,通俗易懂。

4. 情景体验

由物业公司安排神秘顾客对各项服务情况进行情景体验,了解服务过程存在的问题和不足,出具检查报告。

三、业主意见征询的相关资料范本

1. 业主意见征询统计表范本(表6-11)

表6-11 业主意见征询统计表

日　期	房　号	所提建议	记录人姓名	业主签字	备注

注:每次业主意见征询完毕后,由物业管理人员对所提建议进行汇总,上报公司领导;并将所提建议进行分类,交给各部门负责人。

2. 业主意见征询工作计划书

(1)目的。通过业主意见征询调查,对物业服务企业一年来的工作进行一次检测,及时发现物业服务企业在日常管理服务中存在的缺陷和问题,以便我们更好地改进工作,提高工作效率。

(2)方式。采用书面方式进行调查,调查对象为小区内已入住和装修期间单元的业主,采用随机发放调查表的形式进行征询。

(3)具体工作安排:

①本次发放调查表________份,回收率不得低于________%;

②________月________日——________月________日发放调查表(各物业服务人员按片区发放);

③________月________日——________月________日回收调查表(各物业服务人员按片区回收);

④________月________日做出调查结果统计,并写出总结报告,报公司领导。

3. 业主意见调查表范本(表 6 – 12)

表 6 – 12　　　　　　　　　　　　　业主意见调查表

您的满意是我们不断的追求,为您提供高效、优质、周到、完善的服务是我们物业公司全体员工所追求的目标,为了使我们的小区建设得更加优美、管理服务更完善,恳请您以主人翁的态度填写此表,以便改进我们的工作。			
(1)您对物业公司在本小区提供的保安服务是否满意	很满意	满意	不满意
(2)您对物业公司在本小区提供的清洁服务是否满意	很满意	满意	不满意
(3)您对物业公司在本小区提供的绿化服务是否满意	很满意	满意	不满意
(4)您对物业公司在本小区提供公共设施维修服务是否满意	很满意	满意	不满意
(5)您对物业公司在本小区提供的家庭维修服务是否满意	很满意	满意	不满意
(6)您对本小区的车辆管理是否满意	很满意	满意	不满意
(7)您对物业公司管理人员的服务态度是否满意	很满意	满意	不满意
(8)您对本小区开展的社区文化活动是否满意	很满意	满意	不满意
(9)您对本小区的投诉处理是否满意	很满意	满意	不满意
(10)您认为本小区每月 6 元/平方米的物业管理费收费标准是否合理	很满意	满意	不满意
(11)您对物业公司在本小区提供的物业管理服务总的评价	很满意	满意	不满意
意见和建议: 栋号:　　　　业主签名:　　　　日期:			

注:请在您认为合适的项目栏打"√"。

4. 业主意见征询调查表统计分析报告范本

物业服务企业于________年________月________日——________月________日就物

业服务事宜进行了一次业主意见征询，本次业主意见征询调查表在已入住和正在装修期间单元中随机发放________份，发放覆盖率为________%；回收________份，回收率达________%。

统计结果表明，对小区管理人员的服务态度、保安服务、清洁服务、绿化养护、公共设施维修、维修及时率、车场管理、施工现场监管、接管验收和总体评价满意度达________%，对物业服务企业的工作评价较高，得到了业主的认可。

接管验收因较多涉及工程专业技术方面，相关人员了解不多，满意率在________%，有待提高，下一步本物业服务企业将加大力度。

总体而言，此次业主对本物业服务企业的评价较高，表明我们的管理服务工作在稳步发展，同时也指明了公司在公共设施和社区文化建设方面的不足之处，希望大家能发扬优势，克服缺点，把物业管理工作做得更善更美。（本次统计结果将“较满意”列入满意项。）

____________物业服务企业

________年________月________日

案例描述

业主维权，向业委会“乱作为”发难

2009年1月25日，某小区业委会与××物业服务公司签订《某小区物业服务合同》，约定物业公司为某小区提供物业服务的管理范围、业主应向××物业公司支付物业服务费，物业服务费住宅为每月1.5元/平方米，合同期限为2009年1月25日到2012年1月25日，三年。2010年5月8日，基于物价上涨、员工工资上调等因素，物业服务成本也大幅度攀升，××物业公司因成本增大导致经营亏损而要求上调物业服务费。某小区业委会以公告的形式张贴《关于上调物业服务费征求业主意见的公告》，其主要内容是××物业公司要求将物业管理费从1.5元/平方米上调至1.8元/平方米。就是否提高物业服务费收取标准问题，业主委员会决定采用书面征求意见的形式召开业主大会，向小区内业主发出书面征询表，并回收征询意见表进行统计。8月15日，小区业委会与××物业公司签订《某小区物业服务合同变更协议》，约定自2010年9月1日起物业服务费住宅为每月1.8元/平方米、合同到期日为2012年1月25日等内容。8月16日，小区业委会发出2010年第23号公告：经征询广大业主的意见，物业服务费从1.5元/平方米上调至1.8元/平方米，自2010年9月1日实施。

该小区的邓先生等五位业主不同意业主委员会擅自与物业公司签订的《某小区物业服务合同变更协议》，他们认为《某小区物业服务合同》一经签订，不得随意变更。业主委员会不能通过发出征询意见表的形式，提高物业服务费的收费标准。五位业主作为原告向法院提起诉讼，要求法院判令撤销被告某小区业委会做出的2010年第23号公告。

案例分析

本案中，业主大会的召开采取的是书面征求意见的形式，由业主委员会向业主发放《关于提高物业服务收费的征询意见表》征求业主意见。根据意见表的回收统计结果，某小区共有业主 2 356 人，半数即 1 178。经被告统计，同意提价的业主人数为 1 185 人，已经超过半数。五位业主原告认为，被告的统计结果不真实，要求法院进行复核。经法院抽取的 10 张同意票进行审查，其中 1 票无业主签名、7 票签名与实际业主不符。法院要求被告提交业主的授权委托书或实际签名人与业主的关系的证明，被告未能提交。经法院调取业主的资料进行询问，发现 10 张同意票中，只有 2 张同意提价，其他 8 张业主明确表示不同意提价。基于被告提交的征询意见表中业主意见真伪不明，致使法院对被告提交的征询意见的真实性产生合理怀疑，被告提交的征询意见表不能作为定案的依据。1 185 张同意票扣除 8 张不同意票为 1 177 张，未达到总人数的半数。因此，可以认定同意提价的业主人数未达到总人数的过半数。因被告统计的结果未能达到法律规定的人数和面积双重过半数的比例，被告做出的决议应予以撤销。

拓展提高

业主意见征询统计的计算方法：

统计计算应根据已发放和回收的业主意见调查表进行。

1. 统计计算符号

N—发放的调查表总数

H—回收的调查表总数

X—调查表的调查项目数

Y—每份调查表评价满意的项数

O—评价满意的项目总数

A—回收率

K—满意率

2. 统计计算公式

$A = H \div N \times 100\%$

$O = \sum Y = Y_1 + Y_2 + Y_3 + \cdots\cdots + Y_n$

$K = O \div X \times N \times 100\%$

思考练习

一、填空题

1. ________是指物业公司借助自身部门或第三方机构通过一定的调查形式针对业主征集物业服务的意见或建议。

2. 业主意见征询的常见方式有________、________、________、________以及________五种。

3. ________是指物业公司委托专业第三方机构对公司的物业服务质量进行专业性、客观性的业主满意度调查。

二、选择题

1. 业主意见征询的根本目的在于________。

A. 方便业主服务

B. 及时处理业主报修

C. 了解业主对物业服务的意见和建议

D. 作为服务形式,无实际意义

2. ________是指物业公司选取经过培训的调查员,在规定或指定的时间里扮演成业主,对事先设计的一系列问题逐一进行评估或评定。

A. 客服人员　B. 满意度调查　C. 深度访谈　D. 神秘顾客

3. 在业主意见征询后,根据调查结果,物业公司应________。

A. 置之不理　B. 汇报上级领导

C. 汇总存档　D. 及时改进,提供服务质量

4. 上门发放问卷要求工作人员________时间内收回。

A. 10 分钟　B. 20 ~40 分钟　C. 2 小时　D. 1 天

5. 下列不属于业主意见征询内容的是________。

A. 供水管理　B. 档案管理

C. 卫生管理　D. 消防治安管理

三、简答题

简述业主意见征询应包含哪些内容。

学习任务7　日常物业管理工作

任务概述

物业公司的工作不仅包括日常业主服务工作,还包括日常物业管理工作。其中,绿化与保洁管理工作是物业管理工作的重要组成部分。在本学习任务中主要讲述环境绿化的监督管理与检验标准、清洁卫生的督促管理与检验标准、日常巡视、信息发布以及智能卡的管理等工作。

任务目标

- 能按照环境绿化、清洁卫生的检验标准履行管理职责
- 会按照流程进行日常巡视、信息发布及智能卡管理
- 会一些常见的日常物业管理工作的工作技巧

学习内容

一、环境绿化的监督管理

加强小区绿化管理，即对环境绿化进行监督检查，能保持小区环境美观的形象。

1.环境绿化的监督管理

(1)环境绿化监督的工作职责

物业公司负责宣传小区绿化承包商的评审以及绿化养护监督护理工作。物业公司以绿化检查标准为准则，检查楼宇绿化养护状态，发现与绿化标准不相符的，通知绿化公司改换。物业公司监督绿化工人进行浇水、抹叶、修剪、清除等日常性绿化养护，并记录在绿化工作每日安排内。物业公司负责检查小区范围植物的摆放和造型，要求高低整齐，观赏正面正对客人视线。物业公司负责检查小区花槽、盆栽植物有无黄叶、折断、残留枝叶等，保证植物长势良好。物业公司负责承包商更换盆栽植物的验收工作，所有送至小区的盆栽植物必须整齐、良好、无黄叶、无积尘、无虫口，植株健康，将验收结果记录在盆栽植物验收表内。物业公司每月对小区绿化养护情况进行综合评估。

案例描述

绿地变菜地，到底行不行

林先生是东区某楼盘的一个业主，前不久，他看到小区里一块花园荒废了，就把那块地开辟成菜地种些蔬菜供自己日常食用。最近，小区重新聘请了物业服务企业，物业服务企业想把这块地重新恢复成花园，就找林先生要求他把菜地里的菜处理掉。林先生不同意，称自己是小区的业主，有权使用这块地。当业委会主任出面解释，说这是业委会和物业服务企业商量后做出的决定时，林先生说，聘请这家物业服务企业，他并没有投同意票，所以物业服务企业无权干涉他的行为。因此林先生不肯退地，业委会和物业服务企业对此事不知该如何处理?

案例分析

根据我国有关法律、法规规定，小区内按照规划建设的共用设施（包括花园、绿地、道路等），属小区内的全体业主共同所有，国务院颁布的《物业管理条例》第五十条明确规定："业主、物业服务企业不得擅自占用、挖掘物业管理区域内的道路、场地，损害业主的共同利益。"林先生在小区花园用地上开辟菜地自用，违反了《物业管理条例》的规定，依法应予纠正。若林先生不听劝阻，一意孤行，依照《物业管理条例》第六十四条的规定，将受到包括罚款、没收菜地收益等行政处罚，没收的菜地收益主要用于物业管理区域内共用部位、共用设施设备的维修、养护。

林先生以其未投票同意聘请现物业服务企业为由，认为物业服务企业无权干涉他的行为也是错误的。根据《物业管理条例》规定，小区选聘物业服务企业，只要经业主大会讨论或书面征求意见，经专有部分占建筑物总面积过半数的业主且占总人数过半数的业主同意，由业主委员会代表业主与业主大会选聘的物业服务企业签订物业服务合同，所签订的《物业服务合同》对全体业主就具有法律约束力。所以，林先生应按物业服务企业的要求把菜地里的菜处理掉并退出该地块。

（2）环境绿化监督的工作流程（图6－5）

依照绿化标准，检查绿化养护情况

↓

发现绿化未达到绿化质量标准的，立即安排绿化公司进行整改

↓

每天的绿化养护情况记录在绿化工作每日检查表上，
每次更换绿化植物记录在盆栽植物更换验收记录表上

↓

对当月绿化养护状况作出评估，记录在绿化月评估表上，以便今后改进工作

图6－5　环境绿化监督的工作流程

案例描述

一草一木总关情

2002 年 4 月 8 日下午，某花园×幢一楼业主来函，对房屋南面的绿化提出了几点意见，恳请物业公司采纳：

1. 现朝南的窗外种植了八棵水杉，因水杉长势较快，在一两年之后，这八棵树可能妨碍朝南两个卧室的采光，恳请改种桂花树；

2. 庭院树虫害严重，请求进行处理；

3. 房屋南面的植被太少，希望补种花草。

当日下午，物业公司会同工程部有关人员立即赶往现场，经勘查发现：有几棵病虫害已经相当严重；房屋南面植被稀少，部分地面黄土裸露。4 月 9 日，工程部立即协同绿化公司进行处理。4 月 10 日，移走水杉、栽上桂花树，铺好草坪。业主认为，仅仅写了一封信提出建议，没想到就得到物业公司如此重视，立即进行了处理，业主对此十分满意，遂向物业公司写来了感谢信。

案例分析

此案属于绿化问题，虽未涉及房屋质量，但同样会影响到企业的品牌形象。

事情发生后，物业公司会同工程部迅速行动，立即对有关问题进行了整改，不仅消除了业主的不满情绪，而且还给企业带来了较好的社会影响。反之，则会招致业主的更加不满，有损开发公司及物业公司的企业形象。

许多业主对物业服务中的每一件小事，园区的一草一木都非常关注，而物业公司品牌的魅力其实就建立在每一件小事上，建立在一草一木的基础之上，这应该引起足够的重视。

二、清洁卫生的监督管理

整洁、美观、舒适的生活环境建立在优质的清洁卫生工作之上，这也就要求物业公司必须加强对清洁卫生的监督管理。下面介绍清洁卫生的监督管理和清洁卫生的检验标准。

1. 清洁卫生监督的职责

物业公司按程序对清洁公司进行监管，并且指定专人对清洁工作进行检查。定时、不定时抽查卫生状况，发现问题立即整改。定期与清洁单位召开例会，指出需要改进的工作，提出具体要求，并对落实整改情况进行检查。

2. 清洁卫生监督的工作程序

物业公司检查人员以清洁质量标准为依据，检查管理区域的卫生状况，对清洁质量进行评估，将评估结果记录于清洁卫生每日工作检查表内。物业公司每周会同清洁公司巡查物业各区域的卫生状况，对清洁质量做出评估，将巡视结果记录于清洁卫生每周工作检查表内，双方签字确认。物业公司在清洁卫生的检查过程中，凡发现不符合清洁标准的，应迅速通知清洁公司处理，并进行复检。每月月末，物业公司根据每周清洁检查评估表进行统计，以评定当月清洁公司的清洁质量，将统计结果记录于清洁卫生每月工作检查表内。将清洁质量月总结表交清洁公司，反馈存在的问题并上报。

3. 清洁卫生监督的工作流程（图6－6）

按清洁质量标准巡查管理区域公共地方

↓

发现清洁未达到清洁质量标准，立即通知清洁公司处理

↓

每次清洁检查的情况记录在清洁卫生每日工作检查表内

↓

每周会同清洁主管巡查物业卫生状况，将情况记录于清洁卫生工作检查表内

↓

对当月物业整体清洁质量作出评估，将评估结果记录于清洁卫生每月工作检查表内，提交清洁公司改进工作

图6－6　客户服务部清洁监督工作的流程

案例描述

乱停车的访客蛮不讲理怎么办

某双休日，一辆外来的白色宝马车停在某大厦地下车库进出通道的挡车器前，要求存车去见楼上的一位业主。车库保安员礼貌地上前告知，这里都是私家车位，不能停放外来车辆。车主转而又要求打开车挡，说到车库调头就走。谁知他进了车库，并没有要走的意思。保安员再次前去，委婉地劝其另寻就近的停车场，车主竟破口大骂。

管理处安全主管从办公室的监视器中发现了这一情况，急忙赶到现场。在了解事情经过后，管理处安全主管语气和缓但态度坚定地对车主说：如果我们保安员违反了物业优质服务的有关规定，我们一定严肃处理，现在看来是您无理取闹且出口伤人，您应当向受到伤害的我们的保安员致歉。车主见势不妙，用手机叫来楼上的业主。

安全主管向业主介绍了情况，平素对管理处保安员礼貌周到的服务就有切身感受的业主，见车主还在骂骂咧咧，一切都明白了。她一边开导车主，一边说：你们别与他一般见识，我这里给你们赔礼了。车主自知理亏，快快地把车开走了。随后，业主又和管理处安全主管一起，安抚受了委屈但始终彬彬有礼的保安员。

案例分析

安全主管要求车主致歉并非为了分出个高低，它的意义在于对无理取闹者进行教育，使其下次不再胡作非为，也是对坚持原则的保安员进行安抚，使其下次仍旧恪尽职守。业主的文明表现以及对工作的理解支持，可见平时文明服务在关键时候的重要性。物业管理公司要求保安员文明执法，绝非是为了一味地迁就业主和用户，而是要以情动人，以理服人，更好地与业主和用户沟通，做好管理和服务，保证辖区的良好秩序。对那些不服从物业管理规章制度的无理取闹者，就要坚持原则，大胆地履行管理职能，以维护大多数业主和用户的利益。

三、日常物业巡视工作管理

对物业进行日常巡视工作的目的在于监督服务部门和分包公司的工作及小区内的环境是否安全等。

1. 日常物业巡视工作的内容

(1)巡视各楼层的清洁卫生，督促保洁员做好业主和装修人员的垃圾清理工作。

(2)对游逛在小区口以及小区内的闲杂人员或可疑人员进行礼貌的询问和盘查。每天不定时对小区的各楼层进行检查巡楼不少于两次，并做好巡视记录，对比较严重的事故，应书面报告给服务部门。巡楼时，留意各楼层的暗处和角落是否藏有可疑的人和物。对可疑的声、光、异味要及时查明原因。巡查各楼层是否存有火灾及治安事故隐患，并及时采取措施防患于未然。巡楼时，对业主投诉的问题礼貌地进行回复。对能及时为业主解决的问题应及时安排人员进行处理，对不能及时处理的问题，做好记录，报告上级主管处理。督促各楼层的保安员加强巡视、提高警惕，把治安事故降到最低限度，更好地为业主服务。

(3)巡查各楼层的装修人员是否办理了装修申请，是否佩戴出入证，是否违反装修规定及是否按规定进行装修垃圾的清理工作。禁止各楼层的装修人员到处乱窜，到处乱扔废弃物，在楼层内进行起哄、赌博、酗酒和其他影响业主起居的行为，禁止装修人员赤裸及其他不雅的行为。监督装修人员严格遵守规定的装修工作时间，在不影响其他业主的前提下，才允许其装修，否则依据装修管理协议处理。

(4)对每日开出的维修单内容进行督促、核实，争取当日的事项当日落实。

(5)每周查看空置房门窗是否锁好，空置房内设施设备是否正常(是否有渗水、漏水、管漏现象,电源开关是否关闭及卫生情况等),在签到表上签到,并及时锁好房门。

(6)在各楼层的通知栏上及时张贴或更换物业服务中心的临时停水、停电通知及公司的其他通知,以便业主采取相应措施和及时处理。

2. 日常物业巡视的工作要领

日常物业巡视是客户服务部必不可少的工作环节,能保障小区的环境及安全。掌握一定的工作要领,能使物业巡视工作高效顺利地完成。下面介绍空置房巡视的工作要领、公共配套设施设备巡视的工作要领和对巡视中发现问题的处理要领。

(1)空置房巡视的工作要领

①检查水电表:检查水电表是否处于正常工作状态,记录损坏的水电表情况。当水电表在无人居住的情况下运转时应关上单位闸阀,预防水浸事故,并在单位门口贴上相关告示;当发现电表运转异常(如倒转、有盗电嫌疑)时,应在《楼宇情况巡查日志》中予以记录并及时报告客服主管。

②巡查楼梯间:查看廊灯、楼梯灯是否正常,门、窗是否处于完好状态。检查楼梯墙身、顶棚墙皮是否出现脱落、脱漆,墙、地面瓷片是否完好无损。检查消防标志是否完好、消防配件是否齐全;灭火器是否有漏气或过期、失效现象;消防通道消火栓是否关闭;消防配件疏散指示灯是否完好;消防疏散通道是否堵塞;防盗预警设施及消防报警设施是否完好;检查卫生状况是否良好。

③巡查逃生天台:检查逃生天台门是否能随手打开(严禁上锁)。检查天台护栏是否完好,避雷针、电视天线、隔热层是否完好。检查有无违章占用逃生天台的现象。检查雨水管是否通畅。检查卫生状况是否良好。

④巡查电梯:检查电梯的运行是否平稳,是否有异常响动。检查安全标志是否完好,电梯按钮等配件是否完好。检查照明灯及安全监控设施是否完好。检查卫生状况是否良好。

⑤巡查大堂、门厅、走廊:检查各类安全标志是否完好。检查公共设施和照明灯及垃圾箱是否完好。检查卫生状况是否良好。巡查中发现梯间弥漫石油味、焦味时应立即对相关单位进行调查,当原因不明时应立即告知安全部进行检查。

(2)公共配套设施设备巡视的工作要领

①巡查水、电、气、通信设施:巡查室外设施有无破损现象,各种管线有无渗、漏、滴、冒现象。检查室外设施有无破损现象,各种管线有无生锈、脱漆现象,标志是否完好。检查室外消防设施有无生锈,配件是否齐全,标志是否完好。

②巡查公共文体设施:检查雕塑品是否完好,有无安全隐患。检查儿童游乐设施是否完好,有无安全隐患。检查绿地、绿篱、乔灌木是否有枯死、霉病现象。巡查道路、广场、公共集散地。巡查设施设备是否完好,是否有违章占用现象。检查标志、路牌、警示牌是否完好。检查各类雨水、污水井盖是否完好。检查卫生状况是否完好。

③巡查停车库、停车场、单车棚、摩托车场:检查防盗设施是否完好。检查停放的车辆是否有损伤现象。检查各类标示是否完好无损。检查卫生状况是否良好。

④巡查周边环境:检查小区内是否有乱张贴、乱拉线等现象。检查是否有损坏公共设

施、违章制造噪声、污染环境、高空抛物现象。检查是否有违章饲养家禽等现象。检查卫生状况是否良好。

(3)对巡查中发现问题的处理要领

①物业巡查人员巡查时发现有上述问题出现时,本人能进行规劝、阻止、处理的,应立即解决;否则及时将问题记录在《楼宇巡查表》中,巡查回来报告客服部主管解决。

②客服部主管视情况按下列情况处理:属公共设施设备破损丢失的,按报修管理相关规定处理。属物业服务中心其他部门员工工作不力造成的,应通知其他相关部门主管前往处理。巡查中发现的问题在一般情况下应在一周内解决(有特别时效要求的,必须按时效要求处理);特殊情况需经管理处经理同意后可适当延长。属住户违章造成的问题,应按住户违章处理相关规定办理。

四、信息发布管理

规范物业管理信息发布的管理,才能使信息的发布更及时,更有效,更好地为客户服务。下面介绍信息发布的内容、信息发布的要求以及信息发布的程序。

1. 信息发布的内容

业主公约;装修管理规定等与业主有关的制度;物业公司直接收取的各项费用的收费标准,包括物业管理费、水费、停车场收费、有偿服务收费等标准及相关依据文件;与居民生活相关的信息,包括停水、停电、电梯检修、消防演习等通知;小区组织的号召业主参加的社区文化活动;相关设施的安全管理规定,如《进入游泳池须知》《游乐场须知》等;可能会影响业主生活的相关活动,如邻里的房屋二次装修等;法律规定应向业主公开的相关信息,如小区的财务报表等;公司的服务承诺、监督电话、投诉电话、相关政府部门的咨询、投诉电话等;小区发生的重大事件的相关信息;其他规定应向业主公开的信息。

2. 信息发布的要求

(1)所有影响业主公开的信息,只能以服务中心、财务部、物业公司的名义,不得以其他名义向外公开任何信息。

有关收费标准、收费项目的文件应以财务部名义对外发布。有关公司的相关规定可以物业公司的名义对外发布。其他文件以服务中心的名义对外公开。

(2)所有对外开放的公文文件,都必须有文件发布单位、发布日期等相关信息,并注明咨询电话,以方便业主提出问题,不得发布无文件发布单位、发布日期的文件。

(3)可行时,文件应提前发布,如停水、停电、社区文化活动、消防演习等,以方便业主进行相关事项准备。

(4)文件的发布地点应考虑文件的适用范围,适用全体业主的,应在小区宣传栏、广场显著位置公布;适用于部分业主,如某栋楼电梯的检修、停水、停电等,可在适用范围内进行公布。

(5)对重要的信息,在公布的同时,应配合小区广播通知,以引起业主注意。

(6)对有废止日期的文件,应在文件废止后及时收回,如停电、停水通知,社区文化活动通知等,在某一范围内长期适用的,可做成不锈钢宣传牌,如《停车场收费标准》《进入游泳池须知》等。不常用的文件,如《装修管理规定》《有偿维修收费标准》等可做成相框挂在服务中心前台墙壁,以供业主查阅。在公布期间,文件损坏、影响美观或原文整体性的,由原发布单位重新制作、发布。

3. 信息发布程序

(1)须公布的文件,有责任部门拟稿,并对文件进行检查、确认,确保文件语句通顺、易懂、不会产生争议。

(2)由相关部门进行确认,以确保信息准确无误。

(3)一般性的通知由物业经理签字确认。

(4)其他重要文件按以下程序进行:①与收费有关的,交财务部审核;②交行政人事部法律顾问审核,确保文件符合相关法律法规要求,无违规操作;③交物业中心经理批准。

(5)由相关单位打印成文或找相关单位制做成相关形式,如海报、宣传栏、不锈钢牌等,并由制作单位对制作版内容与批准文件的一致性进行检查,确保与原文件内容一致,版面美观、大方、得体。

(6)所有发布文件应交一份文件至客户服务部、对口单位,以方便查询、咨询。

五、智能卡的管理

规范智能卡的管理,是为了做好园区的安全规范工作,确保小区业主的生命财产安全。智能卡由财务部建立进出台账,实施统一管理,客户服务部根据实际用量申请领取,并做好记录。

1. 智能卡申请办理程序

业主向客户服务部前台提供办卡所需资料,并填写办卡申请书。前台值班员核实申请人的身份,办理相应的智能卡,详细登记在智能卡办理登记本上。财务部收取相应的费用。登记申请人的楼栋号及办理业主签领登记手续。

2. 智能卡退卡程序

退卡人需带齐收据及智能卡到客户服务部办退卡手续。客户服务部填写退卡单,并验明智能卡是否有损坏,验证无误后在计算机上注销卡号。退卡人持退卡单收据及智能卡到财务结算。财务部凭退卡单收据、智能卡办理退卡手续并退还押金。

3. 智能卡挂失程序

持卡人若不慎将卡丢失,应及时以电话或其他形式通知客户服务部。客服前台值班员接到挂失电话或其他形式的挂失信息后,应及时取消挂失者的智能卡的所有功能。根据业主需求及时补办智能卡。补卡时必须核实挂失者身份,切记要挂失者签字确认已办挂失手续,避免日后产生不必要的争议。

4. 智能卡资料查询

智能卡资料查询一般有内部和外部查询之分。内部查询是指部门间因工作需要,查询有关的智能卡资料。外部查询是指客人对智能卡资料的查询。无论是内部查询还是外部查询,都必须注意资料的保密性,切忌随意将办卡人的个人资料向外泄露。

5. 智能卡月报表编制程序

点算各种卡的新购卡、造卡、报废卡、剩余卡的数量。根据智能卡数据编制智能卡月报表。编制智能卡月报表时应注意所填写的数据必须真实。每月 5 日前完成智能卡月报表。

思考练习

一、填空题

1. 物业公司每月对小区绿化养护情况进行综合评估,并将评估记录在__________内。
2. 物业公司检查人员以__________为依据,检查管理区域的卫生状况,对清洁质量进行评估。

二、简答题

简述信息发布包含的主要内容。

单元要点归纳

本单元我们主要学习了两大部分内容,日常业主服务工作和日常物业管理工作。日常业主服务工作主要包含便民服务、业主报修处理、业主投诉处理、突发事件处理、业主回访管理、业主意见征询管理。日常物业管理工作主要包括环境绿化、清洁卫生、巡视、智能卡等管理。

在本单元中,我们需要掌握各种日常业主服务的工作流程及规范标准,能设计、制作填写相关服务工作表格,能够清楚日常物业管理中的工作职责和检验标准,并了解各种日常物业管理的工作技巧。

第七单元　社区服务与社区文化建设

单元概述

随着我国社会主义市场经济体制的建立和改革开放的进一步深化，社区服务在社会与经济生活中的作用越来越重要，它已成为促进社会与经济协调、持续发展，促进社会进步的一个重要组成部分。为了适应形势的要求，更好地加强社区服务工作，就要把握其内涵、原则，了解其发展过程、一般特征等。社区服务工作者需要了解社区服务工作的要素，在实施服务中力争使其要素完备。

社区文化建设又是一项系统工程。物业管理企业组织开展社区文化建设必须遵循一定的原则，讲究一定的方法，才能有成效。那种打突击、走过场的形式主义作风和编入另册、附庸风雅的表面化行为都不利于社区文化的持续健康发展。社区文化建设是一项艰辛的、细致的、持久的工程，只有扎扎实实、一步一个脚印，才能实现构建和谐社区的目标。

单元目标

- 会进行社区服务
- 能够有效建设社区文化

学习任务1 社区服务

任务概述

“社区服务”一词在国外有的称为“社区照顾”。一般地讲，社区服务是指在政府的指导下，发动社区成员，通过互助性的社会服务，就地解决本地区的社会问题。其目的是：协调人际关系，缓解社会矛盾，为社区居民分忧解愁，创造一个和谐、良好的社会环境，促进物质文明和精神文明建设。

任务目标

- 能够了解我国社区服务兴起的背景、意义及作用
- 能说出社区服务的特点及原则
- 能理解社区服务的功能

学习内容

社区服务是伴随着经济发展和社会进步而发展起来的，是工业化、城市化、社会化大生产和社会分工专业化的产物。

社区服务，概括起来讲，有以下特征：一是资金采取政府补助、社会集资、个人捐赠、适当收费相结合的办法解决。二是组织形式采取政府机构与民间机构相结合，政府指导和民间机构的创造性相结合，专业服务人员与志愿人员、社区居民互相服务相结合。三是服务设施齐全，按社区的实际需要合理布局。四是服务项目以社区居民的生活需要为目标，福利性与服务性相结合，内容广泛，方式灵活。五是由点到面，形成社区服务的工作系统与服务网络。

社区服务与经济基础有密切的联系，在各国经济发展不相同的情况下，社区服务发展差异是很大的，但有一点是相同的，社区服务减轻了财政压力，在满足社会需求方面具有其特殊的优越性和活力，因而使得社区服务在世界各国日益受到重视，并不断丰富和发展。

一、我国的社区服务

1. 社区服务的发展过程

中国的社区服务萌芽于 20 世纪 80 年代初期。1984 年社会福利事业杭州会议和 1985 年全国社会福利生产大连会议,把建设社会化的社会福利制度列为城市民政工作的重点。其中的一项重要措施就是在街道建立“社会福利服务网络”。这可以说是中国社区服务的萌芽。1987 年初,民政部第一次提出了“社区服务”这一科学概念,以此代替“街道社会福利网络”的概念,并提出了建立和完善社区服务体系的发展目标。1989 年 10 月,民政部在杭州召开了全国城市社区服务工作经验交流会,明确提出了今后一个时期,城市社区服务的发展目标,要求在三五年内,全国三分之一的大中城市要开展社区服务,其中 50% 以上的街道要实现社区服务网络化,并形成完整的社区服务工作体系;中、小城市和边远城市也要根据各地实际情况,制定社区服务近期发展规划,其中 30% 以上的街道要实现社区服务网络化。从此,中国的社区服务事业进入了全面发展的时期。1993 年 8 月 27 日,为进一步推动和规范社区服务的发展,中国政府以民政部、国家计委、体改委、财政部、人事部、劳动部、卫生部、建设部、国家体委、中国老龄委等 14 个部委的名义,联合颁布了《关于加快发展社区服务业的意见》,对社区服务的性质、内容、目标、任务、管理等做出了更加明确的规定。文件规定,社区服务是指在政府倡导和扶持下,为满足社会成员多种需求,依托街道和居委会,发动社区力量开展的具有社会福利性质的居民服务业。它主要由社区福利服务业和便民利民服务业组成,是社会保障体系和社会化服务体系中的一个重要行业。社区服务具有福利性、群众性、服务性、互助性和地缘性五个特点,由此社区服务走向规范化和专业化的发展轨道。

2. 社区服务的重要意义和作用

社区服务是社会福利改革的一项重要突破,是社会保障体系中的重要组成部分。尤其在城市,由于就业的普及,城市工业化、都市化、现代化色彩的增强,在解决了基本收入保障的同时,迫切需要建立生活服务的社会化体系。社区服务正是充分利用了社区资源,充分发挥社区成员的潜力,将社区居民的生活服务需求转变为社区居民自我服务、自我管理、自我发展的好形式。它对于协调城市社会的发展,提高居民生活质量,创造良好的社会环境和社会秩序均有重要作用。

其意义主要体现在:

第一,发展社区服务是社会发展的客观要求。经济发展和社会发展相互依存,相互促进。经济发展是社会发展的前提和基础,社会发展是经济发展的结果和目的。社区服务着眼于人民群众,服务于人民群众,满足群众多方面、多层次的需求,提高了人民群众的物质文化生活水平,它与社会发展的本质要求是完全一致的。

第二,发展社区服务是建立、健全社会保障制度的重要内容。通过开展社区服务,实行“三个面向”(面向社会特殊困难群体,面向社区居民,面向社区单位),达到社区服务“五有”(有活动场所,有服务内容,有服务队伍,有服务的规章制度,有服务标准),从而达到解决社会问题,调节社会关系,缓解社会矛盾,促进社会公平,维护和保障人民群众基本生活权益的目的。这正是建立、健全社会保障制度所要求的。

第三,发展社区服务是建立、健全社会化服务体系的迫切需要。把社区服务纳入城市社会化服务体系,使社区服务成为具有中国特色的一种服务模式,发挥设施服务与互助服务相结合的优势,把服务面覆盖到城镇社区的每一个角落,为居民群众的生产和生活提供方便,这是社会化服务的发展方向。

第四,发展社区服务是社会主义精神文明建设的重要方面。社区服务除了为人民群众提供物质生活方面的服务之外,还要提供精神生活方面的服务,比如科技信息服务、法律咨询、心理咨询、文化娱乐服务等。社区服务可以培育人们的亲情、友情,把爱国家、爱集体的要求具体化为爱城市、爱社区的认同感和归属感,促进人际关系的改善和社会风气的净化,为建设高度的社会主义精神文明发挥积极的作用。

第五,发展社区服务是加强城市基层组织建设的有力措施。《中华人民共和国城市居委会组织法》明确规定,开展社区服务是城市居委会等基层组织的一项重要职能。开展社区服务可以使城市基层政权和群众自治组织的基本职能得到充分发挥,使基层组织建设不断得到加强。另外,社区服务业的发展,在一定程度上壮大了街、居经济,改善了城市基层组织的工作条件,提高了基层干部的福利待遇,缓解了长期困扰基层组织的工作条件差、调控能力弱、工作压力大等问题,为整个城市基层组织的发展注入新的活力。

二、社区服务的特点与原则

1. 社区服务的特点

城市社区服务是一项系统工程。社区居民的需求纷繁复杂,社区的社会与经济发展水平也不尽相同,由此决定了城市社区服务工作的内容具有广泛性、系统性、区域性与动态性等特点。

(1)城市社区服务内容的广泛性和系统性。社区居民包括老人、儿童、残疾人等弱势群体,也包括一般社区居民和社区内的单位。他们的需求包括经济、文化、教育等方方面面。提高社区居民生活质量的工作涉及社区居民需求的多样性,决定了城市社区服务内容的广泛性。

城市社区服务内容是一个有机整体,是有层次、有重点的系统性工作。这是由社会结构的系统性决定的。只有立足于社区生活的系统性,有计划、有目的地开展工作,才能使社区服务形成有效整合,发挥最大合力。

(2)城市社区服务内容的区域性。社区服务应立足于社区特点,依托社区资源,面向社区需求,因地制宜地开展社区服务工作。城市社会高度的异质性,决定了城市社区之间的差异性。老城区与新建区、中心城区与城郊接合部地区、拆迁区与非拆迁区所面临的问题均不相同,它们的经济水平、社区工作者与居民的思想认识都很不平衡。这就决定了社区服务的基础与针对性不同,社区服务的内容也体现为各有侧重,各有特点。

城市社区服务内容的区域性特点又不是绝对的。社区服务的内容既受本社区特殊的需求与资源特点的制约,但又必须与社会的整体发展保持统一性,尤其是大、中城市,还应该向国际上先进的社区服务工作模式学习和借鉴。

(3)城市社区服务内容的多变性。城市社区工作的内容是变化发展、不断完善的。不同的历史时期有不同的社区需求,不同的经济社会发展水平,决定了满足需求的广度和深度,决定了社区工作内容的范围及其侧重点。

西方的社区服务工作从早期慈善组织为少数困难群体提供救济服务,到当前建立的社会化福利保障体制,其内容经过了长期演变。我国的社区服务工作在民政福利工作基础上发展出社区服务,其内容也是不断发展的。这种发展是建立在社会保障制度的变化,社会化服务的发展及社区居民参与意识的不断提高基础上的。总的来说,我国城市居民对社区服务工作的需求是不断增长的,其中包括原有需求的总量上升,也包括新需求的产生。社区工作的对象已由从前的民政工作对象扩展到了社区范围内的所有居民。满足他们对基本生活、便民利民服务、文化教育等需求,就构成了城市社区服务工作内容急剧增长的现实特点。随着需求的提高,社区服务工作的内容要伴随社区环境的变化而相应调整。在我国当前社区服务工作的精力、物力、人力基础都比较薄弱的现实情况下,片面追求形式上的门类齐全和高标准,是难以实现的。因此,当前社区服务工作的主要内容,应体现为基础环境的整治改善、基本服务保障的完善,以及在文化教育方面大力培育社区居民的参与意识。随着市场经济的完善,社会结构将发生很大变化,目前的社区服务及其内在要素都具有过渡性,在社区服务工作目标的规划中,也要有发展的眼光,要看到社会进步和人们生活的经济水平,决定了当前城市社区服务工作内容,在普及面与层次上与国外还有一定差距。因此,既要不断提高服务水平和质量,改善设施条件和服务手段,又要适应社会主义初级阶段的实际,这是社区服务工作内容的动态发展所要求的。

2. 社区服务的原则

(1)政府支持的原则。政府对社区服务的支持,首先表现在行政权力的支持和领导上。具体来讲,社区服务可由政府中的民政部门以及地方基层政权组织主持,他们可负责对社区服务给予经济和物质上的支持,对其工作给予指导,对其计划加以审查,对其活动进行授权或予以必要的行政支持,还可负责社区服务组织的建设,帮助各社区、各社区服务机构及其工作计划之间,实现全国性的协调或地方性协调,以及负责有关社区服务的政策制定和立法等等。虽然社区服务的实际活动主要应由社区居民来实施,但在我国目前的现实条件下,发动、组织和指导居民只能是首先依赖于政府。政府既是开始时的发动者和组织者,又是运行时的指导者和援助者,因此政府支持这一原则,丝毫不能忽视。

(2)资源共享的原则。社区服务的开展需要大量资源,但是,我国的社会生产力决定了政府及其他有关部门向社区所能提供的外部资源是十分有限的。因此,今后发展社区服务,必须始终把立足点放在充分开发和利用社区内部资源这一点上。现代社会工作理论指出:福利国家的实践表明,社区福利完全依靠政府提供的外部资源来实现,是不利于社区建设的,只会削弱社区居民的意志,养成大家对公共福利不闻不问的习惯。因此,现代社会工作理论十分强调以社区自身福利建设为内容的社区服务,必须以开发利用自身资源为主,接受政府等提供的外部资源为辅,而不能颠倒了两者的位置。

(3)公民参与的原则。一切社区资源中最重要的资源,如人力、财力、物力、技能、精神力量等等,都蕴藏在社区居民之中。因此,社区服务必须以社区居民的主动参与为基本力量，而且必须是从少数人的参与，发展为多数人的参与，即公民参与。要实现真正的大众参与，除了开展广泛的宣传教育，发现、培养和组织各种地方人才之外，很重要的一点，就是要实行社区服务的居民自治。居民自治和大众参与有内在联系，自治能使居民们意识到自己的责任，提出自己的需要，并且为需要的实现提供资源，参加活动，这就形成了大众的参与。

(4)立足社区的原则。人的一切活动都是从某种需要出发的，都是为了实现某种需要。社区服务也决不能忘了它是为实现一定的社区需要而进行的活动。社区需要，既不同于政府或某个机构、团体的需要，也不同于社区中个别居民的需要，它是社区居民的公共需要、共同需要和集体需要。社区服务的组织者，在制定目标和计划，采取行动措施时，都必须考虑是否适应了社区的需要。如若脱离了社区需要，社区服务就会难以为继，无法推行，或者流于形式，成为官样文章。

(5)科学化、专业化的原则。过去社区服务一直被当作一种常识性的社区活动，靠经验进行。随着现代社会的发展和现代社会工作的进步，社区服务的组织和管理率先出现了科学化和专业化的趋势。科学化，就是用科学的方法和知识来组织和管理社区服务，如许多地方在实施社区服务计划前，首先要进行社会调查，为社区服务的开展提供科学的、非经验性的、较为客观的依据。专业化，是指社会工作包括社区服务正在成为一门专门的活动和知识，需要有专门人才来进行，这是与社会工作的科学化、知识化以及复杂化相适应的过程。

(6)组织化、制度化的原则。社区服务作为一种社会实践，需要有一个与之相适应的组织形态。我国目前的社区服务组织还较松散，主要表现在各种服务组织缺乏统一的联系和协调，社区内的服务活动缺乏明确的目标和计划，发现人才、培养人才的机制很不完备，社区服务的规范、制度和立法都还没有健全、完善等等。因此，必须在其制度化、组织化方面多下功夫。实现社区服务的制度化，对加强组织化有着重要的意义。社区服务不是可有可无的临时任务，而是社区建设的长远内容，是社区工作的基本方式。社区服务要形成一种制度，长期坚持下去，并有一系列与之相适应的规范、制度甚至法规。无疑，这是今后社区服务工作的重要的任务。

(7)宣传先行的原则。作为社区居民以自助互助来提高社区生活质量的过程，作为建设社区的手段，社区服务必须依赖社区居民的自觉自愿的参与精神、服务精神。为此，在推行社区服务的每一项计划或措施之前、之中，都不能忽视必要的宣传和教育工作。要使社区居民知道为什么这样做、怎样做，启发和激励他们的自觉性、主动性和合作意识、自治意识、献身意识，帮助他们改变态度、习惯、观念，从而挖掘与发挥出居民中的全部潜能和资源，保证社区服务的顺利推行，最终使社区获得精神上的一致和整合。

(8)义务与报酬相结合的原则。社区服务本质上是社区福利事业，是非营利性的、义务的。但是，在目前商品经济的条件下，社区服务工作人员的劳动付出，应当视情况的不同给予一定的报酬。对参与社区服务的志愿工作者，也应视情况实行义务与报酬相结合的原则。

推行社区服务的上述八项原则，是根据社会学和社会工作的有关理论，结合社区服务的以往实践做出的分析。社区服务如何发展,最终还要靠实践来回答。

拓展提高

社区服务的功能

由于社区服务的广泛性、系统性、区域性和动态性的特点,各地对社区服务的内容概括不一,但无论怎样,社区服务的内容都与社区服务的基本功能分不开。

社区服务的功能,来源于社会生活的客观需求,从需求的角度来分析,目前社区服务至少具备以下功能:

1. 社会保障性功能

我国社会保障制度的改革,需要社区发挥面向居民的保障服务功能。发展社区服务是实现我国社会保障制度改革的重要环节,是使我国社会保障制度从原有的"国家保障"模式向"社会化保障"模式转变的重要途径。根据我国的国情,社会保障的改革应格外重视服务性保障的发展,以服务保障来弥补资金保障上的不足。

2. 服务于民的功能

这个功能是由社区的区位特征决定的。社区是区域性的社会生活共同体,社区居民需要就近方便的各方面的生活服务,社区单位和居民的广泛参与,以及利用社区资源,开展便民利民的社会化服务,有着它独特的意义和优势。在市场经济条件下,要使这种服务能长期规范化发展下去,就应遵循市场规律,运用市场经营机制发展社区服务。

3. 社会化服务的功能

由于单位职工福利制度的改革,单位的一部分后勤福利服务功能需要逐步转移给社区,使社区承担起一部分为社区单位提供社会服务的职能。虽然目前还在探索阶段,但从长远发展看,社会结构功能合理化、分解化是必然的趋势,单位承担的不必要的社会服务终究要回归社会,而社区则是这种功能回归的最重要的承担者。

思考练习

1. 社区服务的重要意义与作用有哪些?
2. 社区服务有哪些特点?
3. 社区服务有哪些基本原则?

学习任务2 社区服务的要素与组织形式

任务概述

社区服务工作的要素是指社区在满足社会需求过程中所具备的基本条件。社区服务工作者需要了解社区服务工作的要素，在实施服务中力争使其要素完备。

任务目标

- 能说出我国社区服务的基本要素
- 能组织社区服务等活动

学习内容

一、社区服务工作的要素

社区服务是一项系统工程，其基本要素包括以下六点：

1. 需求要素

指在一定的生活区域中，满足于本社区的全体居民、家庭和社会群体的基本需求。需求是一切服务的出发点和落脚点，有了需求，得到了满足，服务才能达到目的。美国心理学家马斯洛将需求划分为五级：生理的需求、安全的需求、社交的需求、尊重的需求、自我实现的需求。

2. 管理要素

指服务中有组织、有系统地实施有效的管理。社区的服务组织有两个特点：一是街(委)、企(事)结合，以街道、居委会为核心，联合本社区范围内的相关单位，组成中心组织，负责社区服务的宏观协调。在中心组织之下，按不同服务对象，设立分支机构，指导各种对象的服务工作。二是社区自治，任务大家定，办法大家想，有人把它称为“一台好戏大家唱”。街、企结合促进了社区服务与企业办社会的融合，在这里，企业一身二任，既是服务的客体，从社区服务中得到后勤支援；又是服务的主体，参与服务工作。社区自治体现了社区服务由群众当家做主，有利于充分发挥社区的主观能动性。

3. 人力要素

社区服务工作内容丰富，服务对象众多且构成复杂，客观上需要一支训练有素的工作队伍。在我国,社区服务工作者一般由三部分构成:社区志愿者、专职人员与兼职人员。

志愿者队伍是由社区内开展互助活动的居民、社区内中小学校与学生组成,其主要工作内容是开展为特困群体的包户服务、精神病人护理、义务维修、门诊、咨询、义务劳动、小区内值班、巡逻、讲座等。专职队伍是由民政部门、街道办事处相关科室、社会福利事业单位的工作人员以及社区内的服务机构工作人员、社会服务团体工作人员等构成。这部分社区工作者一般岗位较为固定,是以社区服务为职业的人,一般都经过不同程度的,与自身岗位相关的职业培训。兼职队伍是由政府相关部门(如教育、文化、科技、卫生、劳动、体育、环保、公安等),街道有关部门的工作人员和居委会人员等组成。这部分人的工作主要是协助专职工作人员制定相关社区服务的规划、工作计划,检查、督促社区服务工作的开展,研究社区服务发展中的问题,做好组织、协调工作;组织相应的社区服务工作,在专业知识方面予以指导和提供专业技术服务。

4. 财力要素

指社区服务的开创、维持,发展中所需要的资金。资金来自国家拨款、社会赞助(含集体、个人赞助)、社区集体经济收入和有偿服务收入。从当前看,社区服务的资金筹措,主要立足于自我生存、自我发展,靠自筹为主、外筹为辅来解决。即政府投入一点,社会捐助一点,街道补助一点,受益单位提供一点,作为服务设施的开办费和启动费。有些城市在街道的社区服务机构中,设立了专门的基金会,负责资金的筹集、管理和运行。这样做就把社区服务的资金筹措落实到人,责任明确。

社区服务,大多数为经营性有偿服务,这样有利于维持社区服务经费收支的平衡,减轻社区组织者的经济负担,同时,还可能进一步扩大服务领域和项目。

5. 政策法规要素

社区服务工作的法规是有效地开展社区服务各项工作,对社区服务实施科学的管理,从而推进社区服务工作顺利开展的主要手段。它可以对社区服务工作的内容、范围予以明确的目标界定,为社区服务工作指明方向;可以对各项社区工作对象给予明确界定;可以对各项社区工作内容的量度给予明确区分;可以明确各项社区工作的责任与义务归属;可以明确地列举出各项社区工作实施的具体举措,使各项工作得以依照有关的规定要求而展开;可以对社区工作的开展加以评估,既可以考察各项责任义务的落实情况,又可以考察其工作绩效,还可以考察有些规定、措施是否依法执行和依法实施。

6. 项目要素

指直接承担服务项目,它是以上五个要素相互结合的产物。按系统化要求,服务项目应按幼儿、儿童、青少年、中年、老年和有特殊困难、特殊问题、特殊荣誉者五种对象分区设置,使各类人员有求必应,使每个居民从生到死的生命历程各个阶段都能享受服务保障。当前,由于财力不足及服务水平有限等问题,难以满足每个居民所提出的各种需求,因而项目的设置只能是从少到多,从易到难,逐步发展。

以上六个要素,相互联系又相互作用,组成社区服务的有机整体。其中项目是服务手段,它标志着社区服务的发展水平;资金是前提,它决定着社区服务能否发展和发展的速度;政策法规是关键,它是社区服务健康发展的基本保证;组织体系是核心,它把各要素联系起来,使社区服务这部机器能有效运转,最终目的是满足居民的社会需求,推动社会发展。它们的相互关系是:在法律政策指导下,依据一定的资金,组成服务组织体系和服务队伍,建立服务项目,满足服务对象的需要,通过服务取得社会效益,也取得经济效益(有偿服务),又补充服务资金,形成良性循环。

二、社区服务的组织与职责

由于目前我国城市社区服务的对象主体主要是基层社区,具体地说,主要是街道、居委会辖区的共同体。因此,社区服务的组织大致由区政府、街道办事处、居委会和社区服务的载体以及社会服务组织等构成。

1. 政府在社区服务中的组织与职责

当前,政府的行政推动力对社区服务起着主要作用。从组织指导角度看,在区、街道办事处分别成立社区服务领导、协调机构。

(1)区成立社区服务工作领导小组,成员一般由民政、建委、计经委、规划、工商、税务、物价、劳动、房管、公安、文化、体育、教育、计划生育等部门组成。领导小组的组长一般由区长担任,副组长由主管区长、副书记、民政局局长担任。这级组织是社区服务的最高组织形式。职责是:制定政策、制定社区服务发展规划、宏观调控和决策、组织协调和实施,形成政府和各相关部门的行政合力。

(2)街道办事处成立社区服务协调管理委员会。街道办事处是区政府的派出机构,既行使政府管理的一般职责,又具有为社会服务的组织职责,能够以区域性管理来保证社会性服务。因此,街道办事处在社区服务中处于主体地位,起着骨干作用。它不仅可以从行政管理的角度上组织协调社区服务工作,而且能对辖区单位起到资源整合的作用。社区服务协调委员会的成员由街道办事处有关职能科室和辖区单位代表、居委会主任代表、地区部分人大代表、政协委员等组成。协调委员会主任一般由街道办事处主任担任,副主任由主管副主任担任。

职责是:进行社会调查、制定年度计划、筹集资金、组织实施和信息交流,形成行政与社会力量相结合的整体合力。

从具体管理实施角度看,区、街两级组织分别在区民政局、街道办事处设一专门科室具体执行社区服务的组织、协调等业务工作。有些地区将社区服务工作与其他相关科室的工作合并,组成一个综合科室列入民政局、街道办事处的科室序列。这两级组织机构在工作中具备四个职能:

一是服务职能。表现在组织丰富多彩的活动和包括辖区内单位参加的地区性服务活动,组织志愿服务及便民利民服务等。

二是管理职能。主要是对人、财、物及所属设施实行管理,对各种群众组织实行指导性管理。

三是协调职能。协调本辖区内其他相关职能局、处或其他职能科室的关系,加强与驻区单位及居委会的协调,形成社会力量的整合。

四是辐射指导职能。除抓好服务中心的管理之外,对所属设施及居委会的服务工作进行辐射指导。

2. 居委会在社区服务中的组织与职责

居民委员会是基层群众性自治组织，是我国城市基层政权的重要基础，是社区服务的基本依托。在居委会中成立社区服务工作小组，成员由居委会主任，驻居单位代表等组成。在居委会中开展服务，不仅可以缓解区、街两级在人财物方面的不足，因地制宜，拾遗补阙，兴办居民迫切需要解决的服务，而且，居委会兴办服务项目，切合实际需求。最重要的是，居委会最有条件组织居民互助活动，可以有效地促进居民对服务的参与及其自主、自治性的发挥。因此，各地在以街道为主体，兴建大批服务设施，开展系列化服务的同时，在居委会层面开展了丰富多彩的小型服务活动，作为整个社区服务工作中的基础，承担了大量便民服务，邻里互助，小型、入户服务等组织功能。

居委会在社区服务中的职责是：开展协助维护社会治安、计划生育、优抚、救济、青少年教育、环境、卫生、医疗保健、群众性文化娱乐、外来人口管理、便民服务等；动员、组织地区居民和单位参与社区服务；听取居民和单位对社区服务的意见和建议，向有关部门反馈。

3. 社区服务中心、分中心的组织与职责

社区服务是伴随大批服务设施的兴建发展起来的，社区服务设施的出现，使服务活动有了载体，为服务提供了场所和手段。从总体上看，社区服务设施已形成市、区两级社区服务中心为示范窗口，街道社区服务中心为骨干，居委会联片分中心及中小型分散设施的服务设施网络。这一服务设施网络，既形成了服务设施体系的完整性，又实现了层层辐射指导的较为有效的管理功能，它使社区服务的发展有了较强的吸引力和稳定性。各类社区服务中心是一种综合性、多功能的服务设施，它集服务与管理于一身，这类服务设施的管理组织目前多以街道办事处和居委会直接管理，但随着政府职能的转变，政企、政事、政社的分离，政府将不再直接从事社区服务设施的管理与服务。居委会也将从亲自抓经济、抓服务逐步转向中介管理，而“中心”和“分中心”的管理与服务将逐步由非营利组织承担，其职责是，根据社区居民的需求设置服务项目；对不同服务群体采取无偿、低偿、有偿相结合的服务手段，最大限度地满足社区居民不同层次的需求；减轻政府在社区服务中的投资压力，实现服务活动的收支平衡。

4. 社会服务组织在社区服务中的职责

由于社区服务是具有福利性和经营性的社区福利服务和社区社会化服务，因此，大量的社区服务项目要依托社会服务组织实施。且随着社会化水平的提高，社区服务将逐步走向规模型、集约型，这就意味着小型、分散的便民服务网点，将逐步被取代。社会服务组织在社区服务中既要按照市场运作规律，又要遵循社区服务不以营利为目的的服务宗旨，在社区中承担各类服务。其工作职责是在政府的宏观调控下，根据社区居民的需求，开展适销对路的服务；对社区居民实行承诺制服务；薄利多销的经营原则，扩大社区服务市场。

拓展提高

世界范围内社区服务的兴起与发展

社区服务是伴随着经济发展和社会进步在社区发展过程中产生的,是工业化和现代化的产物。二战后,随着西方发达国家的社会结构、家庭结构、人口结构和生活方式的变化,老人问题、残疾人问题、妇女儿童问题日益突出;此外,随着物质生活水平的提高,人们对业余文化、体育、社交、旅游以及饮食、商业、卫生和家庭服务等不断提出新的需求。这些新问题,有些必须由政府出面解决,但政府不可能解决全部问题,于是,近三十年来,一些国家逐步把由政府负担的高度集中的社会福利和社会服务,转向由政府与社会分担,分散于社区,建立起群众自治、自我服务的小型多样的社会福利和社会服务体系。

1. 英国的社区照顾

英国的社区照顾是当代西方发达国家社会服务的一个范例。具体形式主要有:一是由地方政府出资兴办社区服务中心。该中心设有老年人服务、残疾人服务和学龄前儿童服务项目,工作人员大都是政府雇员,活动经费主要来自政府拨款,基本上属于无偿服务。二是开办社区老年公寓。这是政府为社区内有生活自理能力但身边无人照顾的老年人提供的一种服务措施。三是家庭照顾。这是政府为使老年人留在社区、留在家庭而采取的一种政策措施。四是设立短期护理机构——暂托处。主要是为了解决因家庭其他成员有事外出或离家度假而得不到照顾的老年人、残疾人的问题。五是上门服务。这是对居住在自己家里,但生活不能完全自理的老人提供的一项服务。六是开办社区老人院,集中收养生活不能自理又无家庭照顾的老年人。

2. 德国的"邻里之家"

德国的"邻里之家"活动是睦邻运动的进一步发展,也是德国社区服务的一种表现形式。它分布于德国各大城市。"邻里之家"是自我经营、自我管理、自负盈亏的社区服务机构,但其服务活动得到政府的一定资助与监督。邻里之家为社区中的儿童、青少年和老年人提供多种服务。服务种类包括日常生活和文化娱乐等。

3. 美国的社区服务

美国的社区服务主要有两大部分:一部分是由政府提供的水、电、煤气、交通、通讯等基础设施服务以及绿化、保洁、照明等维护方面的服务。另一部分是社区志愿者服务。志愿者服务有两种形式:一是社会志愿者服务;二是在校中学生、大学生志愿者服务等。

4. 日本的社区服务

当代日本社区服务的对象主要是老年人、残疾人、妇女和儿童,以及老年人家庭、残疾人家庭、单亲家庭和低收入家庭等。服务方式和服务内容包括日常生活照顾服务、提供活动场所、开展咨询、劝导服务、提供紧急或暂时庇护住所、定期开展保健和防疫检查、向单亲家庭和低收入家庭提供贷款、赠送礼品,等等。日本社区服务的资金来源渠道主要有中央和地方政府拨款、开展收费服务和募捐等。

思考练习

1. 社区服务有哪些工作要素?
2. 怎样组织社区服务工作,各自的职责是什么?

学习任务3 社区文化建设

任务概述

社区文化建设是一项系统工程。物业管理企业组织开展社区文化建设必须遵循一定的原则,讲究一定的方法,才能有成效。那种打突击、走过场的形式主义作风和编入另册、附庸风雅的表面化行为都不利于社区文化的持续健康发展。社区文化建设是一项艰辛的、细致的、持久的工程,只有扎扎实实、一步一个脚印,才能抵达理想的彼岸。

任务目标

- 能够设计社区文化主题,能够制作社区文化活动策划书、制作社区活动宣传海报
- 能够组织策划社区文化活动并确保活动顺利实施

学习内容

案例描述

××社区 HAPPY 家庭节大型社区文化活动

亲爱的××社区业主朋友们:

第二届××社区 HAPPY 家庭节大型社区文化活动将于9月4日正式拉开帷幕,诚邀您及家人共同参与!

“爱情、亲情、真情”是每个家庭永恒不变的主旋律,也是每个人心灵最真切的需要。HAPPY 家庭节正是我们心灵放飞、心犀相约、体验真情的约会。此次大型系列活动我们共为您准备了8项主题活动,让我们一同来悉心体味家庭、邻里之间的亲情关爱吧!

系列活动一:开幕仪式

以家庭成员为主开展系列挑战赛,设置了家庭飞镖比赛、老公背老婆比赛、家庭踢毽子比赛等共12个参赛项目。浓情欢乐、健康和谐,全新的游戏项目,给您全新体验。活动时间:9月4日下午14:00~17:30

活动地点:××××

参加对象:社区16岁以下小朋友及家庭成员

系列活动二:"情系永恒"——"牵手夕阳"寻找幸福老人

寻找社区内金婚(结婚50年)、银婚(结婚40年)的夫妇。举行隆重的金婚、银婚仪式;促膝畅忆,分享激情燃烧的岁月;"相伴今生、真情永远"文艺演出。

活动时间:9月11日下午14:30

案例分析

物业服务企业可以通过社区文化服务来构建和谐社区,与业主建立和谐、良好的关系,这有助于物业服务管理工作顺利开展。社区文化服务包括物业服务人员在硬件、软件方面努力营造物业社区文化氛围和组织物业社区文化活动。组织策划社区文化活动要做到专人负责、精心策划、周密宣传、顺利实施、及时总结。

业主的大部分业余时间是在家庭中度过的,其居住的社区则成为放松、休闲的重要场所,良好的社区文化氛围会为业主带来健康、积极的身心享受,同时也有利于构建和谐社区,营造和谐社区氛围。

一、营造物业社区文化氛围

1. 开展社区文化建设的意义

从广义上看,社区文化是社区居民在特定区域内长期实践中创造出来的物质财富与精神财富的总和。社区文化并非单纯指一些娱乐性的生活,而是一种整体性的社区氛围,它对这个群体里的所有人均起着渲染和影响作用。开展社区文化建设不仅可以增加业主对社区的忠诚度,而且有助于坚定潜在消费者的购买信心。

(1)社区文化建设的必要性

①社区文化建设是物业服务企业理应承担的社会责任:物业服务企业作为社区内的一个独立的行为主体,它也是社区文化建设的一个自然主体。社区文化建设是社区内一切主体的社会责任。物业服务企业也不能例外。因此,社区文化建设是物业服务企业的一项自然责任。物业服务企业与业主签订契约,为业主提供优质专业安全、维修、保养、保洁等服务,这是物业管理的物质层面,属于广义的社区文化建设范畴。因而,社区文化建设又是物业服务企业的契约责任。另外,物业服务企业注重社区文化建设,既是物业服务企业发展的需要,也是社会发展的需要;社区文化建设又是物业服务企业内在的责任,既

是对自身发展负责,也是对社区发展负责。

②物业服务企业关注社区文化建设的根本原因是市场需求:从我国十几年物业市场的发展来看,在我国物业市场需求结构中,对物业管理的文化附加值的需求占很大比重。这一方面是由于随着社会发展,人民生活水平提高,对文化生活的要求越来越高;另一方面是因为物业服务企业在社区服务中的角色易于让业主住户对他们在社区文化建设方面抱有极高的期望。致力于社区文化建设是物业公司应对市场需求、完善物业管理环节的必然选择。

③物业服务企业在社区文化建设中的作用是能动的,而不是被动的:物业服务企业毕竟不是政府机构或社会福利机构,而是一个有自身利益的经济实体。服务企业为实现自己的发展目标,必须发挥企业文化建设的主观能动性,促使企业文化和社区文化互动,并起到示范和主导作用,将物业服务企业的企业文化在社区的伸张与社区文化的个性需求有机结合。从某种意义上说,由物业服务企业组织主导的社区文化建设,是物业服务企业企业文化在社区的延伸与外化。因此,诱发性社区文化建设,本质上是物业企业文化的重要组成部分。

(2)物业服务企业在社区文化建设中的角色定位

物业服务企业是社区文化的能动建设者;企业文化是社区文化的重要组成部分,是公司品牌的深厚底蕴;社区文化是企业文化的重要载体,诱发性社会文化是企业文化的特殊表现形式。这样,物业服务企业准确把握自己的定位,就完全可以游刃有余地、恰当地处理好企业文化建设与社区文化建设的关系。

社区文化工作,首先要将社区文化与物业服务基础业务紧密结合,使其为解决基础业务问题提供更多支持性服务;其次,通过社区文化的开展和创新,营造和谐的社区居住氛围,由此将企业文化及核心价值观在社区中渗透和传递,形成独具特色的群体凝聚力和共同的价值目标,增进对社区的认同感和归属感。

2. 营造物业社区文化氛围

社区文化应以人为核心,以环境为重点,体现出无处不在的文化氛围和对人的尊重与关怀,使人们一进入小区,马上就能感受到典雅、舒适的人文环境和自由和谐的文化气氛。完善统一的物业环境视觉系统,安全有序的交通管理,方便快捷的通信和物业服务人员的文明言行,这些映入眼帘的优美的文化载体,都是社区文化最重要和最基本的东西。

社区文化还体现在硬件建设方面,包括各种娱乐场地、公共场地、室外健身场所等的建设,其中公共场地的社区文化建设体现在社区背景音乐、具有特色的公共绿地警示牌、道路指示牌等。

二、组织物业社区文化活动

物业服务企业可以组织各类社区文化活动,业主也可以自发开展活动,但活动也需要得到物业服务公司的辅导和引导。

社区文化活动有两个部分:一是业主的户外活动;二是社区会所活动。户外活动是指在户外举办的活动,物业服务公司可以在安全的前提下组织各类户外活动,如各类形式的健身活动,定期举办业主运动会、业主才艺表演等一系列社区文化活动。会所活动是以康乐为主要内容,为业主提供运动、健身、保健、休闲、娱乐、聚会等服务。如在室内举行健美活动、棋类比赛、专题讲座、图书阅读等。建造社区会所的目的在于丰富小区业主的日常文化、体育活动,加强业主之间的沟通和联系,体现小区充满生机、蓬勃向上的生活气息,使业主们感觉到社区不仅是他们娱乐休闲、交流的中心,也是他们业余生活中不可缺少的一部分。

1. 社区文化活动的主要内容

社区文化包括一系列的活动计划、实施效果、相关管理制度、物业服务人员的服务精神、各项活动筹备人员的组织协调能力、业主的参加配合及对公益活动的热心程度等。根据活动形式、活动风格的不同,社区文化的内容一般可概括为以下 5 个部分。

(1)体育类

体育类社区文化的目的在于通过倡导体育健身的精神,利用住宅小区的各种资源引导小区全体住户参与体育锻炼,进而形成积极、健康、活泼、向上的小区精神。体育类的社区文化适合任何住宅小区,而且效果明显,影响面广。

①成立各种体育俱乐部,定期组织训练、比赛。

球类:篮球、足球、棒球、乒乓球、羽毛球、网球等;

棋类:围棋、象棋、跳棋、军棋等;

牌类:桥牌、扑克牌等;

游泳:游泳培训班、游泳比赛;

拳类:太极拳、太极剑等。

②以小区为单位,由物业服务公司每年至少组织一次大型体育活动比赛。

③利用国内国际各种体育比赛的时机进行体育锻炼的宣传,如组织集体观看重要比赛,挂宣传标语等,增强民众体育健身的意识。

(2)文学类

文学类社区文化的定位比较高,主要是组织小区中素质较高的业主成立一些文学兴趣小组,在这些兴趣小组的带动下,举办各种文学活动吸引业主前来参加,提高参加者的文学素养和兴趣,最后形成富有特色的小区文化氛围。

(3)艺术类

艺术类社区文化是内容最广泛、也是实际工作中运用最多的形式,主要通过各种俱乐部的活动来带动全体住户参加到社区文化活动中来,并形成若干自发性组织。这类社区文化适合任何住宅小区,其主要活动包括:

①成立各种艺术兴趣小组,定期组织训练、会演、竞赛,可先以各小区为单位进行练习,待成熟后即在小区间加以联合,组成精英团体。

②营造社区艺术氛围:一是将小区各艺术团体成员的优秀作品(书法、绘画、摄影等)加以装饰后,在社区公共场所(大厅、会所、广场、区内路旁)展示,一方面可增加团体成员的积极性,另一方面可增加小区公共场所的艺术范围。二是定期组织社会家庭读书活动。三是周末举办露天舞会、音乐会、歌会等;节假日举办家庭联欢会、文艺会演、卡拉 OK 比赛等。

(4)康体类

康体类社区文化是具有效应的活动,它不仅使小区业主参与各种社区活动,进而形成一种生活模式,还可以为周边小区带来一些服务。正因为有良好的社会效应,康体类活动异军突起,在社会文化中占据一席之地。

如提供健身、娱乐场所(室内室外),为小区成员长期开放,并加以必要的辅导;定期组织爬山、游园、自驾游活动等;定期组织美容、健身讲座等;定期组织集体体检等;暑假组织少年夏令营活动等;筹建社区健康站,请专家定期或长期提供健康咨询、急救等。

(5)经济类

经济类社区文化活动的目的性较强,比较适合商业为主的商住小区。

如定期邀请成功人士到小区做创业心得报告等;成立各种商会等;定期邀请房地产专家做房地产销售交易介绍,并提供现场咨询等;定期邀请证券专家做投资、理财报告,并提供现场咨询等;根据住户的具体需要,举办汽车、名牌家具、艺术品展览等活动。

随着物业管理行业以及社会大环境的进步,社会文化也时刻在发生新的变化。越来越多的文化元素逐渐融入进来,使社会文化更加丰富多彩。

2. 社区文化组织策划

社区文化活动的最终目的是建立多种形式的社会文化元素。并以这些元素作为沟通的桥梁,拉近物业服务企业与业主之间的距离,使双方建立和谐、友好的关系,为物业服务企业的工作奠定了更坚实的人文基础,为业主创造更温馨、快乐的生活。

(1)专业负责

物业服务企业可以在物业客户企业内设置社区文化服务的专职人员,主要负责物业社区文化建设工作,一方面可有效组织和实施社区文化活动;另一方面当业主对社区文化建设工作有任何建议或意见时,可以直接与专职人员沟通,一次解除与业主的沟通渠道中可能存在的任何阻碍。

(2)精心策划

在组织开展社区文化活动之前,物业服务企业首先要做精心、细致的策划,从前期宣传到正式开展,都要有很强的计划性。社区文化活动的策划必须考虑其合法性,策划内容都要符合现行的法律法规、政府的方针政策、维护国家利益,策划方案必须安全可行,以科学理论为指导,不能只图新鲜创意而忽视参与者的安全因素。此外,活动策划还要考虑到经济性,把经济效益与效率结合起来,即用最少的经济投入和最快的速度来实现社区活动的目标。

(3)周密宣传

策划工作完成后就将进入宣传阶段。物业客户服务中心一般会以发布公告的形式向业主宣传本次活动的内容。这一阶段的工作将直接影响整个活动的效果,是非常关键的一个环节。以文字来与业主沟通,本身是一个被动的行为,因此,怎样在版面、色彩、内容上吸引业主,需要一定的技巧和艺术。

案例描述

“植物园一日游”通知

尊敬的业主/住户：

初春时节，正是踏青好时光，到郊外与自然山水亲近，让人心旷神怡，充满朝气。为表达对小区业主一贯支持物业服务中心工作的感谢，秉承中华民族尊老、爱老的传统美德，在这美好的季节送给小区老人们一份小小的礼物，物业服务中心将组织“老年人仙湖植物园踏青一日游活动”，届时欢迎适龄老人踊跃参加。

我们真诚祝愿在这次活动中，大家忘记年龄，忘记家庭琐事和日常生活的烦恼，带着对年轻时代的回忆，相互携手，倾心交流，结识新朋，度过快乐、美好的一天。

活动具体安排如下：

1. 报名资格：女：1954 年 4 月 30 日前出生；

男：1954 年 4 月 30 日前出生。

2. 报名时间：××年 4 月 7 日至 4 月 14 日 12 点。

3. 报名地点：物业客户服务中心。

4. 游园时间：××年 4 月 15 日 8:30～16:30。若因天气原因而改变活动日期时，物业客服中心将另行通知。

5. 如欲了解活动的其他内容，可到物业客户服务中心咨询。

请欲参加者，携带本人身份证及时到物业客户服务中心报名。

特此通知

物业客户服务中心

××年 4 月 7 日

案例分析

公告一般在活动正式开展前 10～15 天发出，以给业主充分的时间浏览及准备。在此期间，物业服务人员还应利用与业主沟通的各种机会宣传本次活动，尽可能调动业主参与的积极性。例如，有业主到客服中心来访或打电话时，工作人员应趁机向业主宣传将要开展的活动，并盛情邀请对方参加。这样一来，既可扩大宣传面，防止一些业主因来去匆匆而忽视了公告，又可加深业主对活动的认识程度，增强认可度，提高参与的积极性。

(4) 活动开展与总结

活动正式开展期间，按照预先计划组织开展各项活动，并保证活动能顺利进行。如果活动是一项相对长期的行为，活动期间应不断地通过各种渠道征询业主的建议或意见，使活动不断完善并圆满完成。

活动结束后，物业客服中心可将活动的资料、图片记录公布在社区宣传栏内，加深业主对本次活动的印象，以便今后能更积极地参加其他的社区文化活动，同时，也有助于塑造物业服务企业的良好形象。此外，还应注意收集业主对本次活动的评价，作为日后开展社区文化工作的参考。

作为一个有社会责任感的物业服务企业，不仅要把最好的服务提供给业主，还要以行动影响和改变他们的生活，给业主一个温馨和谐、积极健康的生活居住环境。

拓展提高

案例描述

××世纪城社区文化活动方案

一、活动目的

1. 提升和丰富社区业主业余文化生活，促进精神文明建设；
2. 增强全民健身意识，构建和谐、健康积极向上的人文社区；
3. 推进和谐社区建设，构建社区文化服务体系，培养社区文化管理人才，树立××物业品牌，为建设健康的人文社区打下坚实的基础。

二、活动背景

1. ××世纪城交付面积已达到30万平方米，入住业主近500户，但相关配套文娱设施却比较欠缺；
2. 社区业户具有强烈的文化需求和表现欲，期待着有一个展示自己的文化舞台；
3. 人性化的物业管理已经深入人心，物业与户主急需沟通互动的平台；
4. 地产公司的定位已经从单纯的地产开发转换为城市运营商。

三、活动方案

1. 为了提高××世纪城休闲会所的人气，营造和谐的社区环境，我部拟对会所的经营作如下调整：

(1)每个月的最后一天，所有××世纪城的业主或住户可以免费使用会所的棋牌室。

(2)每个月的最后一天，所有××世纪城的业主或住户到会所消费，球类运动一律6折。

(3)每个月的最后一天，所有××世纪城的业主或住户到会所消费，茶水费、酒类、小食类及简餐类一律8折。

2. 根据××世纪城的业主入住现状及将来的发展趋势，世纪城还需要配置以下娱乐设施：

(1)增加一套音响设备及一台液晶电视；

(2)两张乒乓球台；

(3)在E-02诊所上增设羽毛球场；

(4)在小区公共部位需要增设羽毛球场。

3. 文艺晚会及主题活动：

(1)2009年6月1日第一届××世纪城儿童绘画大赛。

主题："××世纪城是我家"

参与人员：××世纪城的"小"业主(业主孩子)

(2)2009年中秋国庆物业与业户大联欢。

主题："庆中秋、迎国庆"文艺晚会

参与人员：业主及物业人员

文艺表演：业主与物业人自编自演节目

(3)2010年元宵节猜灯谜及文艺晚会。

主题：欢度元宵

参与人员：业户及物业人

文艺表演：业主与物业人员自编自演节目

上述活动方案的费用详细见附件。

总之，通过做好社区文化这篇文章，让文明健康先进的文化进入社区，占领社区这个阵地，同时更要让社区文化进入千家万户，让物业人和业户架起一座连心桥，在自娱自乐中找回文明，共塑美好明天。

附件

活动方案费用明细表

名称	单价(元)	数量	费用(元)	备注
乒乓球台	2 800	2	5 600	
音响一套	10 000	1	10 000	含有KTV系统
液晶电视(46寸)	5 000	1	5 000	
儿童游乐场及健身器材	80 000		80 000	由地产支付
2009年"六一"绘画	15 000		15 000	演出配套及奖品等
2009中秋国庆联欢	8 000		8 000	演出配套
2010元宵联欢	10 000		10 000	演出配套及奖品等
合计			133 600	

案例分析

社区文化活动组织策划程序如下：

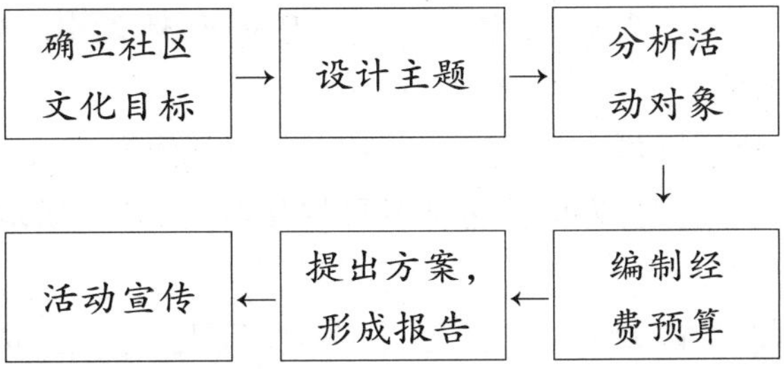

第一步：确定社区文化活动目标。

确立活动目标是制订社区文化活动组织计划和行动方案的核心内容，也是指导活动取得成效的关键。目标的确立要依据组织活动的要求，提出在社区文化活动中要完成的主要任务和预期达到的水平和境界。确立活动目标要注意目标的层次和分类，符合科学，具有合理性，定位准确、有可行性。

第二步：设计主题。

主题是对活动策划内容的高度概括，应用简洁、明确、提纲挈领的文字概括，以便于宣传和记忆。确立活动主题的过程就是把目标转化为具体活动的过程，每一个目标都可以分成若干内容相关的具体活动主题，这些活动主题相互有机联系，活动项目逐步推进。主题表现形式多样，可以是一句陈述、一个表白或是一句口号。

第三步：分析活动对象。

选择需要分析的活动对象，掌握活动参与对象的资料，分析其需求，包括活动参与对象的年龄、性别、兴趣、爱好等内容，在提出活动方案时，要考虑到活动参与对象的特征。

第四步：编制经费预算。

做好经费预算，提高资金的使用效率。根据活动需要计算活动各项支出的预算。

第五步：提出方案，形成报告。

为社区文化活动实施设计和制订计划与行动方案，形成策划报告，包括：背景、目标、主题、活动对象、活动内容、方式、步骤、经费预算。需要清晰阐明活动的时间、地点、具体活动过程。

第六步：活动宣传。

设计宣传方式、宣传途径，完成宣传资料制作。安排多种实施途径，保证活动宣传效果。

思考练习

一、填空题

1. 社区文化应以________为核心，以________为重点，体现出无处不在的文化氛围和对人的尊重与关怀。
2. 营造物业社区文化氛围可以从________和________两方面入手。
3. 社区文化体现在________方面。包括各种娱乐场所、公共场地、室外健身场所等的建设。
4. 社区文化活动有两个部分：一是________活动；二是________活动。

二、简答题

1. 物业服务企业为什么要开展社区文化建设？
2. 简述物业服务企业在社区文化建设中的角色定位。
3. 物业社区文化服务包括哪些内容？

单元要点归纳

一、社区服务

1. 我国的社区服务
2. 社区服务的特点与原则

二、社区服务的要素和组织形式

1. 社区服务工作的要素
需求要素、管理要素、人力要素、财力要素、政策法规要素、项目要素
2. 社区服务的组织与职责
(1)政府在社区服务中的组织与职责
(2)居委会在社区服务中的组织与职责
(3)社区服务中心、分中心的组织与职责
(4)社区服务组织在社区服务中的职责

三、社区文化建设

1. 营造物业社区文化氛围
2. 组织物业社区文化活动

第八单元　会议服务工作

单元概述

随着世界旅游业的不断发展，会议服务以其大规模、高档次、消费时间长、项目多，为写字楼带来了不菲的经济效益和社会效益，因而备受写字楼经营者的青睐。目前，写字楼越来越重视会议服务，不少写字楼已着手扩充会议设备，以优质的硬件和服务来赢得更多的会议客源。

会议是为政治、经济、文化、商贸及交流服务的活动。据有关资料统计，会议消费是普通旅游消费的3倍。由此可见，第一，会议可以创造良好的经济效益。一般说来，会议消费的经费一般由政府、企业或经济实体提供，所以其经费来源相对稳定可靠，而且消费水平和消费档次较高。第二，会议对于扩大举办地的社会效益具有积极作用，参会者会将会议接待中的美好感受告诉亲朋好友，起到无意识的宣传作用；同时，参加会议的记者也会通过广播、电视、网络等为会议举办做宣传。第三，会议对于平衡淡季市场起着积极的作用。普通旅游有着明显的淡旺季，会议服务却很少受到气候、环境的影响。一年四季中，每月都可能举行会议，所以，在旅游淡季，开发会议市场对于平衡淡旺季收入具有重大意义。

会议的重要性不言而喻，那么做好会议服务相关工作，对于服务企业人员则显得尤为重要。在本单元让我们一起学习会议服务工作。

单元目标

- 能够做好会议服务的前期筹备工作
- 能按照会议服务的基本程序做好相关会议服务工作
- 能按照会议餐饮服务程序做好餐饮服务工作

学习任务1 会议服务的筹备工作

任务概述

会议是人们为了解决某个共同的问题或出于不同的目的聚集在一起进行讨论、交流的活动,它往往伴随着一定规模的人员流动和消费。作为会展业的重要组成部分,大型会议特别是国际性会议在提升城市形象、促进市政建设、创造经济效益等方面具有特殊的作用。

现代会议早已超出了单一的政府会议的格局,正朝着多元化方向发展,很多都是直接带有商业目的并能产生巨大经济效益的,如各种高峰论坛、专家培训会议等。会议的一般操作原理为:会议的主办者制订举办会议的计划并委托给承办者,承办者(可以是专业会议组织者即 PCO、公司的会议与奖励旅行部等)将围绕既定的主题进行精心设计,并在市场上联系会议的买家(即目标与会者)、相关人员(如政府官员、演讲嘉宾等)及举办场所,最后自己接待会议,或将业务分包给会务公司。掌管会议场所的物业公司也应该尽自己的一份责任,辅助做好相关工作,所以,为了做好会议服务工作,前期的筹备工作必不可少。

任务目标

- 会制定会议接待的方案
- 能进行会场布置
- 能够准备调试会议设施设备

学习内容

一、会议与会议服务

1. 会议的类型

(1)按照会议的性质和内容分类

①研讨会:是为了提供信息和讨论信息而举办的会议。研讨会一般让与会者相互交流并进行讨论。例如,学术研讨会、论文发布会等。

②交流会:是为同行业举行的经验交流或技术探讨会议。

③产品发布会:是为了向专业群体和消费者介绍和推广某一新产品而召开的会议。例如,新产品推广会。

④年会:可以是公司股东大会,也可以是行业协会每年一次的会员大会。

⑤销售会议:一般是为了宣布开始销售某种产品或公布销售期限,或者是对前一个销售阶段进行总结和表彰。例如,季度订货会、季度销售会议。

⑥培训会议:一般要用至少1天,多则几周时间开展培训活动的会议。这类培训需要有特定的场所,培训内容高度集中,由某个领域的专业培训人员教授,而且通过培训要实现某些目的和目标。

⑦专业会议:这是就某个领域的问题进行讨论、咨询和交流信息而召开的会议。一般包括主会和讨论问题、解决问题的小组会议。

⑧奖励会议:是为了对员工、分销商或客户的出色工作表现进行表彰奖励的会议。

⑨新闻发布会:是为了向公众发表声明或澄清事实而举办的会议。

(2)按照会议的规模分类

①小型会议:即出席会议的人数较少,通常由几人至几十人参加。

②中型会议:即出席会议的人数在100人以上,1 000人以下。

③大型会议:即出席会议的人数在1 000人以上,1万人以下。

④特大型会议:即出席会议的人数在1万人以上,如盛大节日庆祝会等。

2. 会议市场的现状

(1)国际会议市场现状

根据国际大会和会议协会(ICCA)统计,以国际会议为例:每年全世界举办的参加国超过4个、与会外宾人数超过50人的各种国际会议有40万个,其市场价值超过2 800亿美元。会议大多集中在大都市及著名的风景区,例如,法国巴黎、瑞士日内瓦湖地区等。

(2)中国会议市场现状

①与国际发达的会议市场相比,中国的会议市场尚在起步阶段。表现在专业办会的组织或公司很少,缺乏会议专业服务的人员,更谈不上专业的培训人员。

②会议展览、奖励旅游已成为中国旅游业的重要客源市场。

③全国大多数写字楼和三星级以上的酒店都具备接待会议的设施及能力,主要目的地城市具有一批有经验的会展组织人员及符合条件的场馆,再加上丰富的旅游资源,构成了一个完整的会议市场发展的基础。

④我国的会议市场具有巨大的潜力,未来几年将是会议市场持续发展的高峰时期。

⑤随着我国对外开放的不断深化、人居环境的不断改善,我国会议市场将走向国际化。

知识链接

国际会议标准

国际会议是最重要、最有影响力的会议。国际上对国际会议认定的权威组织主要有ICCA和UIA等,由于每个组织所规定的标准有所不同,会造成认定或统计上的偏差,因此,对这些组织标准的明确划分是研究国际会议发展趋势的前提。

1. ICCA国际会议标准

ICCA,The International Congress & Convention Association,即国际大会及会议协会,创建于1963年,是全球国际会议最主要的机构组织之一。现有成员数已经超过了720个,涉及近80个国家。在会议领域内,它是最具有国际影响力的协会。

ICCA规定的国际会议标准有3个:①至少有50个参加者;②定期组织举行会议(不包括一次性会议);③必须在至少3个国家举行。

北京市旅游局、北京国际会议中心、上海国际会议中心都是它的会员单位。在国内见到的有关国际会议的统计数字,大部分来源于ICCA的统计资料。

2. UIA国际会议标准

UIA,Union of International Associations,即国际社团组织联盟,创建于1907年,是全球国际社团组织最主要的机构组织。北京国际会议中心曾经是该组织的会员单位,由于"台湾问题",北京国际会议中心退出了该联盟。国内很少使用UIA的统计数据,所以这个组织在国内没有什么太大的影响,但在国际上,它还是一个很重要的国际会议组织。

UIA规定的国际会议标准有4个:①至少有300个参加者;②国外参加者至少占总量的40%;③参加会议的国家至少有5个;④最短会期为3天。

3. 中国尚无国际会议的权威统计标准

据国家有关文件的规定,来自3个或3个以上国家或地区(不含港、澳、台地区)的代表参加,以交流为主要目的而举办的研讨会、报告会、交流会、论坛及国际组织的行政会议,可称之为国际会议。

3. 会议服务的概念

会议服务分为广义和狭义两种概念。广义的会议服务是指为会议客人提供会场服务、会议餐宿服务等的全过程。狭义的会议服务主要是指为参会客人提供会场服务,包括提供会议场所、服务人员及所需会议设施设备等。

二、会议前期协调工作

首先,在会议举办前一个月内应与会议承办单位负责人进行沟通协调,详细了解会议的性质、规格档次、举办的具体时间、会议的内容、人数、用餐标准及有无特殊饮食要求,还应了解会议需用的设施设备、场地大小、是否安排会后旅游及会议付款人及付款方式等。同时，根据会议的规模大小，至少应提前半个月至一个月要求会议承办单位提供会议举行的详细日程安排表，以便会议举办地进行物资准备及人员配备。

三、制定会议接待方案

会议服务经理根据承办方提供的资料制定详细的接待方案，也可与承办方负责人一起制定接待方案，并根据方案填写会议通知单，一式多份，递送到相关人员手中。应提前2～3周将会议通知单分别送至承办方负责人、物业总经理、住场经理、财务总监、餐饮总监、前厅总监等相关人员处并让其签字确认。同时，还可将会议布置的设计草图、会议菜单、会议横幅等作为附件一并发出，增强方案的直观效果。

如遇会议方案有更改，则必须按照客户已确认的更改内容重新发出和调整，并注明相应需要调整的各部门名单，及时通知相关部门进行必要的调整，以保证会议的顺利进行。

如遇客人取消会议安排，会议服务经理则需重新发出会议取消单，加盖公章后及时送往相关部门。

四、召开会前准备会

会前准备会，也可称为预备会。一般在会议开始前的一至两天举行。通常由物业公司相关人员和会议组织方派出代表共同参加会议。其主要目的是由物业公司与会议举办方共同进一步落实所有工作的细节问题及商讨会议服务的分工、协作与沟通，分清职责，共同做好服务工作。

同时，还可以让物业公司负责人与会议举办方负责人相互认识，以便在会议服务时能相互配合，找到相应责任人。

在会议准备中，双方应详细介绍每人所负责的具体工作。同时，双方都应提供相应的花名册，其中应包括姓名、职务、分管事项、联系方式等。同时，应对会议可能出现的一些意外情况做充分的估计、安排和布置，尽量做好防范工作。双方还应对一些细节问题进行讨论和安排，将会议预备工作做得更全面。

还可发给举办方负责人标志性徽章，以示区分于其他客人。同时，也可由会议举办方自己制作相应工作卡，并在会议期间悬挂在胸前，使物业公司服务人员能迅速辨别会议举办方工作人员。

五、会场布置及会议设施设备的准备

1. 会场环境布置

会场应给人以庄重、协调、整洁、舒适的感觉，所以在会议厅内应适量摆放室内植物，如橡皮树、龟背竹等，会增加会场的舒适感。同时，会议室应有强度适中的灯光，太强的灯光会让人感觉刺眼，不舒服，但太暗的灯光会让人产生睡意。还应根据不同的会议台型选择不同的插花进行台面装饰。例如，圆形会议桌可在桌心摆放花坛型插花，教室型会议室可在发言席上摆放悬崖型插花等。此外，还应注重选择适合会议主题的鲜花材料以及鲜

花色彩的搭配。总之,整个会议室应呈现出协调美和庄重感。另外,会场的气味及适宜的室内温度(22℃ ~24℃)都应在考虑之列。

在会议开始前喷洒少量的带有花香味的空气清新剂或摆放茉莉、米兰等植物有助于调节室内气味,创造轻松、舒适的会议环境。如果是庆祝形式的会议,还可根据承办方要求在室内悬挂彩色气球或装饰彩条,以增加气氛。

2. 会场台型布置

可根据参加会议人数的多少来选择会场的大小及台型布置。一般说来,10 人以下的会议可用小型会议室,台型通常采用圆桌形或“回”字形台型,而大中型会议由于人数相对较多,多采用礼堂型或教室型布局(注:礼堂型与教室型布局基本相似,区别在于礼堂型一般不设会议桌,而教室型通常会为参会者设立可供记录的会议桌)。重要会议一般都应铺设台布,并用桌围装饰以体现会议的规格档次。

3. 会议的主题布置

会议通常都会有一个或几个主题,例如,× ×产品演示及展销会,× ×公司年终总结及表彰大会,× ×行业经验交流会,× ×公司高级干部培训会等。物业公司应在会前准备会上落实会议标题,并根据举办方要求制作相应的横幅、标语或徽章标志等。制作桌签和座签也是会议主题布置的内容。桌签是指用阿拉伯数字标明桌号,如“1 号桌”;或是标明相应就座此桌人的身份,如“领导席”、“嘉宾席”等。座签则是指在会议席位上标明就座人的姓名,会议座签一般是在有较高级别领导人出席的会议中标明领导人的座次顺序,从而起到引导参会者就座的作用。

4. 其他相关准备

(1)水杯、水、茶叶或饮料。

(2)签到台、签到册、签到笔。

(3)方向标志、指示牌。

(4)会议文具。

六、会议设施设备的准备

现代写字楼的会议厅通常都会安装先进的电子设备,以保证各种会议的顺利进行。一般来说,都会配备专业人员进行管理。主要的会议设施、设备有:投影屏/投影机、音响系统、灯光系统、多媒体投影放映系统。在会议开始前应根据会议承办方的要求对会场的设施、设备进行配备和检查。首先应了解所需的设施、设备有哪些,会议的详细程序,设施、设备的服务时间,必要时应事先做好幻灯片的预演或进行技术彩排。

在会议正式开始前 3 ~5 个小时内,应提前做好以下工作:

1. 安置投影屏幕,并将高度和缩放大小调整到适度位置。

2. 接通计算机与屏幕的数据传输线。

3. 检查 VCD 机的放映效果。

4. 调试麦克风的效果。

5. 协助会议承办方调整摄像机的方位。

七、会前准备的注意事项

1. 注意工作细节，避免疏漏。

2. 重视与会议承办方的沟通，多了解会议信息，以便更好地提供服务。

3. 在会议设施、设备准备就绪后，应邀请承办方负责人前往检查，以便及时查漏补缺。

案例描述

都市大厦举办新车展示及新闻发布会

2010年9月23日，在都市大厦会议厅内，三辆刚刚下线的××有限公司生产的"××"高级轿车被分别放在三个展台上，其独特的造型和炫目的色彩吸引了200多位嘉宾。一时间，都市大厦这座充满现代气息的会议大厅与代表时尚潮流的车展达到了最完美的和谐统一。为使这次车展办得圆满成功，都市大厦物业公司有关部门与主办公司积极配合，为客户提供了场地策划、高质量音响系统，使客户感到了细致周到和高效便捷的服务。此次车展和新闻发布会取得了圆满成功，令在场的所有参会嘉宾连连称赞。为解决参展汽车开进大厅这一难题，该大厦的物业公司毅然拆除、改装了北大门，实际上大门与车宽只相差几厘米的空间。为了成功举办此次车展和会议，物业公司可谓"煞费苦心"。因为物业公司认为，大门的改造不仅满足了现代车展的需要，更是向今后更广阔的会议市场敞开了大门。

案例分析

商业目的明确的会议往往能够产生巨大的经济效益，物业公司为了会议改造大门，不仅仅满足了客户需求，同时也权衡了自己的利益，尤其是为今后更广阔的会议市场敞开了大门，也为自己将来赢得更多的经济效益、打下了基础。

拓展提高

按照会议服务流程对员工进行培训，使员工提高素质，加强沟通，提供优质服务是保证会议顺利进行的重要条件。培训员工的作用如下：

1. 了解相关信息，提供优质服务

对员工进行充分的培训，能使员工详细地了解会议的召开时间、参加人数、性质等相关信息，有利于为会议提供优质服务。同时，通过培训，还可以了解会议有无特殊要求，以便有针对性地提供服务。

2. 通过培训，可以提高员工素质

对于物业公司来说，通常可以通过培训使员工了解更多的会议服务信息，从而提高员工的整体素质，增强员工的工作责任感，减少人员流动。

3. 通过培训,可以促进部门与部门之间、员工与员工之间的沟通

由于会议的组织和召开需要物业公司各部门之间的精诚合作,才能保证会议的顺利进行和圆满成功。所以,通过培训,以增强物业公司各部门之间的沟通,以及承担会议服务的各部门员工之间的沟通与协作,有助于增强团队合作意识,提高物业公司各部门之间的团队合作能力。

思考练习

1. 名词解释

会议　　会议服务

2. 会议服务的筹备需要考虑哪些因素?

学习任务2 会议服务程序及餐饮服务

任务概述

会议都是按照一定的程序进行的,从迎宾开始、来宾的签到、会议进行、会议结束以及会议餐饮等,都需要做好相关服务工作。

会议餐饮服务是会议服务不可缺少的组成部分。基本上所有的会议都会提供一次以上的会议用餐。会议餐饮除了满足会议客人的进餐需求以外,更是会议客人放松、休息和进行交流的重要时段,所以,会议用餐应引起会议组织者及物业公司的高度重视。

任务目标

- 能做好会议的迎宾、签到、会场等服务
- 能够对会议餐饮服务做好相关服务工作

学习内容

一、会议服务程序

1. 会议迎宾服务

在会议开始前一小时,迎宾员应站立于会场门口迎接会议客人的到来。客人抵达会场时,应先引领客人至签到处签到后,再引至会场就座。对于出席会议的领导或嘉宾应由迎宾员引领至贵宾室休息,并由会场服务员负责斟倒茶水或饮料。

2. 会议签到服务

在会场大厅，应设立会议签到处，并由会议承办方代表及一两名会议服务员共同负责所有出席会议者签到、嘉宾签到及记者签到。签到服务时，服务人员或会议承办方代表应首先主动微笑问候，询问来宾工作单位，并示意客人在签到簿适当位置签名。客人签到后由迎宾员引领至会场或贵宾休息室。

3. 会议过程服务

（1）会场服务

会议正式开始后，会场服务员应站立在会场周围，不得大声喧哗，随时观察所负责区域客人是否需要换烟缸、续斟茶水或其他服务。在服务时，动作要轻，不得影响会场秩序。在场内服务时，应注意保持正确的站立姿态。

（2）礼仪服务

如遇会议需要颁奖或邀请嘉宾到演讲台或主席台时，都应由专门的礼仪小姐引领。礼仪小姐引领客人上台时，应走在客人的左前方一米处，并微笑示意客人注意行走安全，引领客人就位后退场。

（3）音响系统服务

会议厅应由专门的灯光师、音控师来调节整个会场的灯光、话筒、背景音乐播放、影碟机播放及投影仪播放。灯光师、音控师在幕后应注意根据会场需要进行以上服务，避免疏漏。

4. 会议结束服务

会议结束后，会场服务员应列队在会场门口欢送客人，并感谢客人的光临。送走客人后，首先检查台面上是否有未熄灭的烟头及有无客人遗留物品。然后立刻清理台面，整理椅子，将会议台布撤下送往洗衣房进行清洗，并清洁会场地面。一般大型会议结束后，主管要召集员工进行总结，并填写会议活动记录。

5. 会议会场服务的注意事项

（1）绝不能因为服务站立时间过长，而倚靠在会场墙壁上或柱子上。

（2）在会场服务时应尽量不干扰讨论中的客人或正在发言的客人。

（3）会场服务过程中语言、动作要轻，避免影响发言者。

（4）遵守会场规定，不得随意翻阅会议文件或打听会议内容。对于所听到的会议内容应保密。

案例描述

财富论坛会务服务全面提档升级

作为中西部地区最具影响力的财经论坛，大河财富（中国）论坛历经多年发展，不仅在嘉宾规格、论坛思想等硬实力上连年提升，在本届论坛，更从大会场地、服务团队、会议用车等会务服务上全面提档升级。

在郑州这座充满历史气息的城市，郑东新区无疑是一张现代经济飞速发展的金名片。而在其中，坐落于如意湖畔的“大玉米”——千玺大楼，无疑是最耀眼的城市新地标。记者从大会秘书处了解到，本届大河财富论坛将首次选在位于千玺大楼内的×××酒店举行。该酒店传承了××品牌的精品服务，已成为这个城市新的高端会议场所，将为到会嘉宾、听众营造良好的沟通、休憩环境。

有了舒适的会场，会务服务也要更加完备。记者获悉，每年汇聚众多国内外政经名人的博鳌亚洲论坛，不仅有高大上的嘉宾阵容，更有精细化的会议服务。第十届财富年会特别引入了曾为国内顶级财经论坛—博鳌亚洲论坛提供过专业服务的百位志愿者团队，作为大会全程会务服务的主力军。

该负责人介绍，这个志愿者团队成员均来自河南，平均年龄在25岁左右，由××房地产企业培养。他们不仅能够在博鳌亚洲论坛这样顶级的论坛会务志愿者选拔中脱颖而出，服务足迹更已踏过国内众多高端论坛、餐会，具有极高的专业服务能力。第十届论坛融入专业服务团队后，将使大会服务踏上新的高度，也让参会嘉宾、听众在河南就能领略到高端会议的风采。

“除了完善的吃住行服务和专业的会务管理，本届论坛的大会用车更将成为关注亮点。最东方的国产汽车品牌红旗和最先进的西方顶级电动汽车特斯拉，将同时作为本届论坛的礼宾服务用车，出现在大会现场。”大会负责人表示，作为当下最知名的电动汽车品牌，特斯拉轿车在国内已“一车难求”。为了支持本届财富论坛，特斯拉中国公司特别提供十辆轿车，与国产汽车品牌红旗的高端车型一起，作为大会的礼宾服务用车。一个是最东方的汽车经典，一个是最西方的新科技代表。相信大会迈入高端场地，引入专业团队，配置顶级用车的精细贴心服务，能让第十届论坛跨入新层级。

案例分析

财富论坛会务服务在各个方面考虑周全，服务周到，成就了别人，提升了自己，拓宽了自己以后的会议市场。

二、会议餐饮服务

1. 会议餐饮的基本特点

(1)进餐时间地点的统一性和集中性

会议餐饮的一个主要特点是在某一时段会议结束后在统一的时间和餐厅内用餐,以保证餐后会议能顺利进行。

(2)进餐标准统一性

会议餐饮通常会统一进餐标准,会议客人一律凭餐券或参会证、参会卡进餐,会议组织者统一按照一定的用餐标准为所有会议客人做好用餐预订工作。

(3)进餐形式统一性

会议用餐一般采用中餐宴会、自助餐式的进餐形式,通常会议组织者会在会议开始前几天,根据与会客人的特点等,确定统一的进餐形式。

2. 会议餐饮服务程序

(1)餐前准备

①摆台:按统一要求摆设餐台或根据会议组织者的要求设立自助餐台,并按会议组织者的要求领取指定酒水放在备餐台上,以备客人所需。

②熟悉菜单:根据会议菜单,了解、熟悉菜单内容,并能了解该道菜肴的制作工艺、口味特点,以便能在服务时为客人做简单介绍。

(2)热情迎宾

在会议用餐开餐前15分钟,迎宾员以饱满的热情站立在餐厅门口等候客人光临,同时,值台服务员应站立在工作区域的指定位置等候客人光临。

当客人抵达餐厅后,应分批将客人引领至指定位置,或根据客人人数选择相应位置安排客人入座,并立即斟倒茶水。如为自助餐,则应有专人分发餐盘,并在相应的菜品前放置菜名卡,以方便客人选择菜品。

(3)席间服务

当客人就座后,询问客人所需酒水,依据用餐标准,按照凉菜、热菜、汤、点心、水果的顺序上菜,并随时观察工作区域内各桌的用餐情况和酒水饮用情况,做好及时周到的服务工作,如为自助餐服务,则菜台值台员应随时观察自助餐盆中的菜品数量,如某道菜品数量不足,则应立即派人通知厨房续添。同时,餐桌值台员应随时观察客人用餐情况,如客人进餐完毕,则应立刻收拾餐盘和餐桌,以保证餐厅的整洁。

由于会议用餐的费用由会议举办方指派相应工作人员支付或签单,故收银员应找到相关负责人清点用餐桌数和人数,请相应负责人签单或进行现金支付。整个进餐过程结束后,餐厅服务员应收拾好餐盘,并对餐厅进行全面的清洁打扫,待领班或主管检查合格后,方能下班。

3. 会议餐饮的注意事项

(1)注意会议膳食的营养搭配。

(2)注意与会客人有无饮食禁忌。

(3)既要考虑制作大众菜品,同时又应突出本地餐饮特色。

(4)如遇客人要求上标准以外的酒水或菜品时,应委婉告知客人用餐标准中不含此酒水或菜品;如遇客人坚持,则服务员应立即通知会议举办方的相应负责人前往处理。

案例描述

首都机场餐饮湖北分公司圆满完成"武汉会议"

国际空港信息网11月13日消息:11月1日至7日,在领导高度重视及各店面的积极配合下,首都机场餐饮湖北分公司圆满完成了"武汉会议"餐饮服务保障任务。

11月1日至7日,中央政法委在武汉召开了全国创新社会治理、深化平安建设会议、第五届"我最喜爱的人民警察颁奖典礼"、"110"专案总结表彰会议等8个会议,这8个会议合起来简称"武汉会议"。这次会议参会代表有2 000多人,会议的规格高、规模大,在湖北省史无前例,中央、地方及湖北机场集团公司都高度重视本次会议保障工作。

为了确保此次任务的圆满完成,餐饮湖北分公司在会议召开前召开了紧急部署会,成立了保障领导小组,严密方案部署,明确职责分工,层层落实措施。本次"武汉会议"餐饮服务保障接待负责人由分公司总经理万明担任,联络员由综合管理部经理邵虎担任,接待地点为武汉机场T2航站楼星阳舫中餐厅。

针对本次会议接待工作,餐饮湖北分公司提前与机场检验检疫取得联系,共同制定会议接待保障方案,并联合检验检疫现场对就餐环境及操作规范进行检查指导。在准备阶段,保持接待地点环境卫生整洁,符合会议餐饮接待要求;整理餐饮原材料索证记录,保证记录的完整性与可追溯性;加强服务礼仪培训,保证服务保障任务顺利进行。在保障实施阶段,严格按标准实施操作并进行食品留样,圆满完成了本次"武汉会议"的餐饮服务保障任务。(文章来源:国际空港信息网)

案例分析

武汉会议的圆满成功与会务方的积极筹备以及统筹安排有着密不可分的关系,关注每一个细节,认真做好每一步,严格把关,职责明确以及培训等工作非常到位。

拓展提高

会议餐饮服务礼仪

1. 在宾客到来前,要有服务员在餐厅门口迎接。

2. 宾客坐稳后,用托盘送上毛巾和茶水。递送时要从主宾开始按顺时针方向依次进行。递送毛巾时要招呼客人:"请!"送茶时切忌手指接触杯口,动作要轻缓。

3. 斟酒服务:斟酒多少的程度,要根据各类酒的要求而定。比如,斟倒白酒一般斟八分满即酒杯的3/4;红酒一般只斟酒杯的2/3,因为红酒杯比白酒杯大,一次不宜斟得过满;斟倒香槟酒要分两次斟,第一次先斟1/3,待泡沫平息下来,再斟至2/3或3/4即可;斟啤酒或其他发泡酒时,也因泡沫较多,极易沿杯壁溢出杯外,故斟倒速度要缓慢,也可分两次斟或使啤酒沿着杯的内壁流入杯内。斟酒的顺序是先主宾后主人,再按顺时针的方向依次进行。斟酒时瓶口不要碰到杯口,也不要拿得过高,以免酒水溅出。不要站在一个位置上为两位客人同时斟酒。

4.上菜服务:上菜要从宾客的左边用双手将菜放在餐桌上,最好在陪同或翻译之间进行,不要在主宾和主人之间,以免影响他们用餐。还有掌握好上菜时机和遵循一定的上菜程序,并根据宾客的要求和进餐的快慢灵活掌握。

思考练习

1.试述会议服务的程序。

2.会议餐饮服务与传统的餐饮服务相比具有哪些不同的特点?

单元要点归纳

本单元我们学习了会议服务的筹备、流程以及会议餐饮的相关知识。大体归纳如下：

1. 领受任务：会议名称→会议性质→与会人数→会议期限→会议休息时间表→会议活动范围→准备内容→注意事项。

2. 会前准备：会标→音响→主席台→茶具饮品→登记台→签到簿→休息安排→服务员配备→会场清洁→接手纪念品、礼品（发放）→会场指示牌→礼仪演习彩排。

3. 会前检查：根据表格列项检查设备设施、会议物品。

4. 引领登记：准备大厅指示牌→引领员→电梯引领员→会场引领员→指示牌→登记→根据请柬、门票等发放纪念品。

5. 会场服务：主席台香巾、饮品服务、果盘、会场贵宾饮品、香槟服务→会场秩序维持服务（清理闲杂人员）→清洁服务→委托代办服务→出会场的引领服务（先生，请问需要帮助吗）→应急情况处理（火灾疏散、失窃、停电、溢水、电梯停机、急症救护）。

6. 会后清理：撤会议物品→桌椅→餐具→清理与会人员遗留物并登记→清洁会场→撤出带入会场的物品→查对清理纪念品、礼品→检查清理情况→关闭动力电气设备→服务人员撤出，锁闭会议厅。

7. 汇报总结：向主办方主办人员汇报会议情况（遗留物品，剩余礼品，征求意见，说明情况）→会后总结专题会（部门经理，会议服务人员参加）。

习题参考答案

第一单元　物业客户服务概述

学习任务1　物业服务

一、填空题

1. 物业　2. 全体业主　3. 物业服务　4. 物业管理

二、简答题(略)

学习任务2　客户服务

一、填空题

1. 20世纪90年代　2. 重经营,轻服务　3. 服务理念

二、简答题(略)

学习任务3　物业客户服务

一、填空题

1. 物业客户服务　2. 主体　客体　服务的环境　3. 客户满意

4. 物业服务　5. 入住服务

二、简答题(略)

第二单元　物业客户服务人员的基本素质

学习任务1　物业服务人员的职业道德

一、填空题

1. 道德现象　2. 忠于职守,尽职尽责　3. 遵守纪律,奉公守法

二、简答题(略)

学习任务2　物业客户服务人员的职业能力

一、填空题

1. 专业能力　2. 方法能力　3. 能动性和实际操作能力

二、简答题(略)

学习任务3　物业服务人员的心理素质

一、填空题

1. 感受性　灵敏性　2. 果断性　3. 个性心理特征

二、简答题(略)

学习任务4　物业客户服务基本技巧

一、填空题

1. 认识客户　2. 称呼　3. 学会赞美

二、简答题(略)

第三单元　业主收楼入住管理服务

学习任务1　入住服务的前期准备工作

一、填空题

1. 迁入　竣工验收

二、简答题(略)

学习任务2　入住服务工作的具体实施

一、填空题

1. 入住服务　2. 方便业主　入住服务流程

二、简答题(略)

第四单元　客户装修管理服务

学习任务1　装修规范化的意义及装修流程

一、填空题

1. 二次装修

2. 装修申请审批管理　装修施工验收管理

二、简答题(略)

学习任务2　装修申请审批管理服务

一、填空题

《建筑装饰装修管理规定》《住户装修管理规定》

二、简答题(略)

学习任务3　装修跟踪管理

答案略

学习任务4　装修竣工验收服务

答案略

第五单元　物业档案管理

学习任务1　业主档案管理

1. 答:根据档案资料的不同内容,大致可以将物业档案分成业主档案、工程技术档案、服务档案和其他管理档案等。

2. 答案略

3. 答案略

4. 答案略

学习任务2　物业档案管理

1. 物业档案是指物业服务企业在物业管理区域内进行物业管理活动中形成的具有查考、保存价值的各种文字、图表、声像等各种形式的历史记录。包括内容有：

(1)综合管理形成的文件材料；

(2)物业管理区域内各种建筑物及公共场地基本建设、维修图文材料；

(3)公用设备仪器、维修图文材料；

(4)财会管理方面形成的文件材料；

(5)各种实物档案；

(6)音像档案等。

2. 答案略

3. 答案略

第六单元　日常业主服务管理工作

学习任务1　便民服务

一、填空题

1. 无偿便民服务　有偿便民服务

2. 保本微利、服务第一

二、简答题(略)

学习任务2　业主报修处理

一、填空题

1. 日常报修　公共报修

2. 电话报修　书面报修　到接待处报修　网络服务平台报修

3. 日检　周检　月检

二、简答题(略)

学习任务3　业主投诉处理

一、填空题

1. 来人投诉　来函投诉　来电投诉　其他投诉

2. 受理　处理　回复

3. 轻微投诉　重要投诉　重大投诉

二、简答题(略)

学习任务4　突发事件处理

一、填空题

1. 治安突发事件　消防突发事件　电梯困人突发事件　市政停水、停电、停气突发事件　自然灾害突发事件

2. 快速反应原则　统一指挥原则　服从命令原则　团结协作原则

二、简答题(略)

学习任务5 业主回访管理

一、填空题

1. 50% 2. 告知回复时间 3. 统计分析报告

二、简答题

答:(1)加强管理处与业主的感情联络;

(2)加强沟通,促进业主配合、协助管理处工作;

(3)提高管理处管理质量和管理人员的服务质量;

(4)让业主了解管理处的运作与业务管理的权利义务;

(5)倾听业主对管理处管理方面的建议和意见;

(6)了解业主对物业设施合理性方面的要求。

学习任务6 业主意见征询管理

一、填空题

1. 业主意见征询

2. 一般意见征询 专项意见征询 满意度调查 第三方满意度调查 神秘顾客

3. 第三方满意度调查

二、选择题

1. C 2. D 3. D 4. B 5. B

三、简答题

答:安防管理、供电管理、供水管理、消防治安管理、卫生管理、绿化管理、公共设施管理、维修服务、服务态度、其他服务。

学习任务7 日常物业管理工作

一、填空题

1. 绿化养护月检评估表 2. 清洁质量标准

二、简答题(略)

第七单元 社区服务与社区文化建设

学习任务1 社区服务

1. 答案略

2. 答案略

3. (1)政府支持的原则;

(2)资源共享的原则;

(3)公民参与的原则;

(4)立足社区的原则;

(5)科学化、专业化的原则;

(6)组织化、制度化的原则;

(7)宣传先行的原则;

(8)义务与报酬相结合的原则。

学习任务2　社区服务的要素与组织形式

1. 社区服务是一项系统工程,其基本要素包括六点：（1）需求要素；（2）管理要素；（3）人力要素；（4）财力要素；（5）政策法规要素；（6）项目要素。

2. 答案略

学习任务3　社区文化建设

一、填空题

1. 人　环境

2. 物业社区环境建设　组织物业社区文化活动

3. 硬件建设

4. 业主的户外活动　社区会所活动

二、简答题(略)

第八单元　会议服务工作

学习任务1　会议服务的筹备工作

1. 名词解释

会议:是人们为了解决某个共同的问题或出于不同的目的聚集在一起进行讨论、交流的活动。

会议服务:分为广义和狭义两种概念。广义的会议服务是指为会议客人提供会场服务、会议餐宿服务等的全过程。狭义的会议服务主要是指为参会客人提供会场服务,包括提供会议场所、服务人员及所需会议设施设备等。

2. 答案略

学习任务2　会议服务程序及餐饮服务

1. (1)会议迎宾服务;

(2)会议签到服务;

(3)会议过程服务,包括会场服务、礼仪服务、音响系统服务;

(4)会议结束服务。

2. 略

参考文献

[1]王晓宇. 物业客户服务管理[M]. 北京:中国财富出版社,2012.
[2]孙惠萍. 物业客户服务[M]. 北京:高等教育出版社,2006.
[3]余源鹏. 物业管理客户服务实操一本通. 北京:机械工业出版社,2013.
[4]张明媚,陆炜. 物业管理服务与经营[M]. 北京:电子工业出版社,2006.
[5]余源鹏. 物业管理客户服务培训与管理手册. 北京:机械工业出版社,2014.
[6]樊永恒. 客户沟通艺术[M]. 北京:人民邮电出版社,2009.
[7]刘昌斌. 物业管理实务[M]. 北京:机械工业出版社,2009.
[8]杜明汉. 客户服务与管理[M]. 武汉:华中科技大学出版社,2010.
[9]何毓颖. 客户服务基础[M]. 北京:高等教育出版社,2009.
[10]刘北林,霍红. 现代服务学概论[M]. 北京:中国物资出版社,2008.
[11]苏宝炜,李薇薇. 物业服务岗位管理实务[M]. 北京:电子工业出版社,2010.
[12]邵小云,李锋,雷宏. 物业管理工作手册[M]. 北京:化学工业出版社,2010.
[13]徐萍. 消费心理学[M]. 上海:上海财经大学出版社,2005.
[14]邵光远. 物业服务规范[M]. 北京:中国经济出版社,2004.
[15]张志国,郑实. 物业管理沟通艺术[M]. 北京:机械工业出版社,2006.
[16]李薇薇. 探究物业管理优质客户服务的另一面[J]. 现代物业,2006(10),49-51.